Zur Verständigung über die Justizreform.

Von

Dr. Franz Adickes,
Oberbürgermeister in Frankfurt a. M.,
Mitglied des Herrenhauses.

Berlin 1907.
J. Guttentag, Verlagsbuchhandlung,
G. m. b. H.

Vorwort.

Die zahlreichen Äußerungen, welche das verflossene Jahr zu den Fragen der Justizreform gebracht hat, berühren fast alle Teile dieses sehr verwickelten Gegenstandes. Außerdem beschäftigen sie sich fast ebensoviel mit englischem als mit deutschem Recht. Eine große Unübersichtlichkeit der verschiedenen Meinungen und vielfach auch Unklarheiten über die Stellungnahme zu den einzelnen Fragen sind die Folgen dieser sich zersplitternden Behandlungsweise.

Mir scheint eine solche Art der Erörterung, in dem jeder in gewissem Sinne gegen den anderen streitet, für die — wie ich aus vielen Zuschriften weiß — sehr zahlreichen Freunde einer durchgreifenden Justizreform gefährlich, ja verhängnisvoll. Eine energische Konzentration des Kampfes auf eine kleine Anzahl entscheidender Positionen erscheint mir daher zurzeit als das dringendste Bedürfnis. Die notwendige Scheidung der Geister in Freunde und Gegner entschiedener Reform wird sich klarer und übersichtlicher als bisher vollziehen; die Freunde werden sich finden und zu gemeinsamem Ansturm sammeln, und die Gegner werden Farbe bekennen und den Angriffen eine mit widerstandsfähigen Gründen ausgestattete Verteidigung entgegenstellen müssen.

Entstehung und Art meiner bisherigen Darlegungen hat, soviel Zustimmung und Widerhall sie auch gefunden haben, vielerlei Mißverständnisse hervorgerufen und namentlich durch die Bezugnahme auf England viel Widerstand geweckt. Die folgenden Ausführungen beschränken sich daher ausschließlich auf deutsche Verhältnisse: von bestehenden und meist in weiten Kreisen anerkannten Übelständen und den zur Verbesserung der Justiz regierungsseitig schon gemachten Vorschlägen ausgehend sollen sie die besten Heilmittel für die vorhandenen Schäden aufzufinden und nachzuweisen suchen. Die in den „Grundlinien" gemachten Vorschläge sind dabei infolge von Einwendungen und weiterem Eindringen in die Sache mannigfach ergänzt, erweitert und abgeändert worden.

Das alte Ziel: die Stärkung des Vertrauens zu den Gerichten durch Hebung und Förderung der richterlichen Persönlichkeiten, ist dasselbe geblieben. Der Gesamtplan aber für die Wege, welche zur Erreichung dieses Zieles führen sollen, ist — so hoffe ich — erheblich klarer und verständlicher geworden, ebenso auch der Nachweis, wie man durch allmählichen Ausbau dieser Wege dem Ziele schrittweise näher und näher kommen kann.

Eine gewisse Breite und Ausführlichkeit, auch Wiederholungen bitte ich mit Nachsicht hinzunehmen. Es kam mir vor allem darauf an, den schwierigen Gegenstand möglichst zu klarem Verständnis zu bringen.

Man hat gesagt, ich sei ein Schwarzseher. Wäre ich das, so widmete ich der schweren Sache nicht so viel Liebe und Mühe. Den Zweiflern gegenüber aber wiederhole ich: „ich habe eine bessere Zuversicht zu der aufwärts strebenden Entwicklung unseres Volkes, das auch für die Rechtspflege die dieser Entwicklung entsprechenden Formen zu finden wissen wird."

Im April 1907.

Inhalt.

	Seite
1. Einleitung	7
2. Das gerichtliche Verfahren	22
3. Die Gerichtsverfassung	51
4. Über Kostenwesen	95
5. Schlussbetrachtung	100

1. Einleitung.

Der Alarmruf, welchen ich in der Sitzung des Preußischen Herrenhauses am 30. März 1906 zunächst mündlich erhob und dann durch Aufsätze in der „Deutschen Juristenzeitung" vom 1. Mai (S. 501 bis 509) und in der „Monatsschrift für Kriminal-Psychologie und Strafrechtsreform" (1906 S. 65 bis 78), sowie in meinen „Grundlinien durchgreifender Justizreform" schriftlich erneute und verstärkte, hat wenigstens in einer Beziehung einen vollen Erfolg gehabt: es ist in der Tat gelungen, die weitesten Kreise auf die von mir angeregten Fragen und Probleme hinzuweisen und ihre Aufmerksamkeit wachzurufen. Der Staatssekretär des Reichs-Justizamts Dr. Nieberding hat noch neuerdings in der Sitzung des Reichstags vom 12. März 1907 (Verh. S. 420) die obengenannten Veröffentlichungen ein juristisches Ereignis genannt, denn „selten habe eine Veröffentlichung, selten haben neue legislatorische Vorschläge in der Weise weite Kreise zu neuen Gedanken und Wünschen angeregt, wie diese." Bei genauerer Betrachtung zeigt sich indessen, daß der eigentliche, der Hauptzweck meiner Veröffentlichungen, die Eröffnung einer eingehenden sachlichen Erörterung der von mir angeregten neuen Gesichtspunkte nur zum kleineren Teile erreicht worden ist. Zwar sind einige Anregungen, die übrigens auch schon vor mir von anderen Seiten gegeben waren, allseitig entschieden willkommen geheißen worden, wie die Herabsetzung der Richterzahl in den oberlandesgerichtlichen Senaten von 5 auf 3, die Entlastung der Richter von Schreibwerk und anderer mechanischer Arbeit u. a. m. Auch sind in bezug auf diese Entlastung, sowie über einige andere Vorschläge wertvolle und zum Teil eingehende Äußerungen erfolgt. Allein andere ebenso wichtige oder noch wichtigere Anregungen, wie diejenigen, welche die zur Stärkung der Autorität der Gerichte und zur Verbesserung der richterlichen Dienstverhältnisse erforderlichen und möglichen Maßnahmen betreffen oder sich mit einer vollkommeneren Sicherung der richterlichen Unabhängigkeit befassen, sind meist gar nicht beachtet oder mißverstanden worden. Bei manchen mir zugegangenen Äußerungen trat mir das alte Schriftsteller-Verhängnis, daß Bücher mehr besprochen als gelesen werden, greifbar entgegen. In der Hauptsache scheint mir jedoch dieser Mißerfolg mit der Ursache des zu Anfang genannten Erfolges eng zusammenzuhängen. Denn diese Ursache ist doch wohl darin zu suchen, daß die in ihrer Art neue und überraschende Gegenüberstellung englischer und deutscher Justizeinrichtungen in bezug auf die Zahl und Stellung der Richter, die Art der Verwendung und Wertschätzung der richterlichen Kraft, die Zahl der ohne Urteil erledigten Zivilsachen und den Umfang der Anrufung höherer Instanzen, auch den Gleichgültigsten zu verwunderten Fragen zwang. Als üble Wirkung dieser Gegenüberstellung trat aber alsbald die durch manche kritische Besprechungen genährte Vorstellung hervor, daß der eigentliche Zweck meiner Ausführungen eine Übertragung englischer Rechtszustände sei. Zwar hatte ich diesen Gedanken wiederholt und entschieden zurückgewiesen. Ich hatte (Grundlinien S. 70) auf die großen Verschiedenheiten beider Länder, sowohl in bezug auf ihre Rechtsentwicklung, als in Bezug auf ihre wirtschaftlichen und sozialen Verhältnisse hingewiesen und hatte in der Deutschen Juristenzeitung (S. 502) auch die mir wohlbekannten großen (für uns unerträglichen) Übelstände in England betont und den Zweck meines Hinweises auf englische Verhältnisse ausdrücklich dahin bestimmt: „Man kann große Mängel der englischen Rechtspflege rückhaltlos zugeben und trotzdem der Meinung sein, daß wir in gewissen Richtungen bei ihr am besten lernen können, wo der Hebel zur Beseitigung der bei uns bestehenden Übelstände angesetzt werden muß und wie er mit Erfolg angesetzt werden kann."[1]) Trotzdem ließen zahlreiche Besprechungen es sich nicht nehmen, mir vorzuwerfen, daß ich Einrichtungen der englischen Gerichtsverfassung ohne Rücksicht auf die besonderen in den englischen Zuständen begründeten Verhältnisse übernehmen wolle.[2]) Die bekannte und weitverbreitete, von patriotischen und politischen Empfindungen beeinflußte Abneigung gegen englische Vorbilder trat hinzu, und so war denn in kurzer Zeit die Etikette: „Made in England" fertig, welche für viele genügte, um meine Vorschläge als unpraktisch und undurchführbar beiseite zu legen.

Diese ablehnende Haltung gegenüber „England als Erzieher" trat noch neuerdings besonders charakteristisch in den Verhandlungen des Preußischen Abgeordnetenhauses vom 15. und 16. Februar 1907 (Verh. S. 781 ff. und 834 ff.) hervor, indem fast alle Redner sich dagegen ver-

---

[1]) Vgl. Grundlinien. S. 44. „. . . bei der eigenartigen Entwicklung beider Länder (England und Schottland) ist eine einfache Übertragung englisch-schottischer Einrichtungen auf deutsche Verhältnisse völlig ausgeschlossen und der Beobachter infolgedessen darauf angewiesen, die den Einrichtungen zugrunde liegenden Rechtsgedanken herauszufinden und deren Verwertbarkeit in der Heimat zu untersuchen."

[2]) Vgl. insbesondere OLG.Präs. a. D. Hamm, Englische Justiz auf deutschem Boden? in Deutsche Juristen-Ztg. 1906 S. 1052; Prof. Dr. Friedrich Stein, Zur Justizreform. 6 Vorträge. Tübingen 1907 S. 6, 7, 108, 109; Gerichts-Assessor K. v. Lewinski, England als Erzieher? Sonderabdruck aus Gruchot's Beiträgen. Berlin 1907 S. 3, 4, 47. — Auf die beiden letzten Schriften hat sich — zum Beweise der Unrichtigkeit meiner Ausführungen — auch der Preufsische Justizminister im Abgeordnetenhause am 15./2. 1907 (Verh. S. 782) berufen. Stein und v. Lewinski sind aber in den wichtigsten Punkten verschiedener Meinung, namentlich verneint letzterer die von ihm gestellte Frage, während Stein sie in weitem Umfange bejaht. Ich werde darauf noch zurückkommen, mufs aber im übrigen auf meine ausführliche Zurückweisung der gegen mich erhobenen Vorwürfe in dem soeben erschienenen Aufsatz: „Zur Justizreform" in der Monatsschrift für Kriminalpsychologie und Strafrechtsreform 1907 Aprilheft verweisen.

wahrten, daß englische Justizverhältnisse für uns maßgebend sein oder auf uns übertragen werden sollten. Die Erklärung des Preußischen Justizministers (S. 783), daß englische Zustände nicht übernommen werden sollen, wurde infolgedessen mit freudigem Beifall aufgenommen.

Diese Art der Behandlung der angeregten Fragen hatte nun vor allem die bedauerliche Wirkung, daß dadurch die Aufmerksamkeit von den deutschen Übelständen, von denen ich ausgegangen war, und für welche ich Abhilfe suchte, stark abgezogen wurde, während die englischen Verhältnisse wiederholte und eingehende Behandlung fanden, wobei insbesondere ihre wirklichen oder vermeintlichen Mängel lebhaft geschildert wurden, um auf diese Weise meine Bezugnahmen auf englische Einrichtungen als auf falschen Voraussetzungen beruhend, hinzustellen und dadurch wirkungslos zu machen.

So natürlich und selbstverständlich nun auch an sich die kritische Nachprüfung meiner Ausführungen über englische Justizverhältnisse war, so hat sie sich doch leider vielfach in Bahnen bewegt, welche eher zu einer Verdunkelung und Verwirrung unserer Reformbedürfnisse als zu ihrer Klärung zu führen geeignet waren.

Gern und dankbar erkenne ich an, daß durch die Ausführungen von Inhulsen,[1]) Hirschfeld,[2]) Geiger,[3]) Stein a. a. O. und v. Lewinski a. a. O. meine Darstellung nach manchen Seiten hin ergänzt und in Einzelheiten auch berichtigt ist.

Die Ergänzung bezieht sich einmal auf die Kosten, die ich absichtlich (Grundlinien S. 63, 85) nur kurz als einen der die Zivilprozesse erschwerenden Umstände hervor-

---

[1]) Dr. C. H. P. Inhulsen, Barrister at law. Wenige Richter, in hoher Stellung. Preufs. Jahrb. Bd. 124 S. 425—432.

[2]) Dr. J. Hirschfeld, Barrister at law. Englisches und deutsches Justizwesen. Preufs. Jahrb. Bd. 125. S. 449—461.

[3]) R.-A. Dr. Alfred Geiger, Zur Reform der Gerichtsverfassung und des Zivilprozesses, in Holdheim-Heilbrunns Monatsschr. für Handelsrecht und Bankwesen, 1906 S. 267—271.

gehoben hatte, ohne auf die mir fern liegenden Einzelheiten der Berechnung u. Erstattung der Kosten einzugehen. Diese Einzelheiten und ihre Bedeutung für die Erschwerung der Prozesse sind nunmehr wiederholt dargelegt. Allerdings fehlt dabei das für uns Wichtigste: ein Eingehen auf unsere Justizreform und auf die hochbedeutsame Frage, wie vom Standpunkt rationeller Justizpolitik aus das Kostenwesen gestaltet werden sollte. Einige Andeutungen in dieser Beziehung möchte ich nicht unterdrücken und werde daher auf diesen Punkt im vierten Abschnitt zurückkommen. Übrigens ist daran zu erinnern, daß nicht nur Anwälte, sondern auch Ärzte und Zahnärzte höhere Honorare als bei uns beziehen, und daß auch das englische Verwaltungsverfahren, namentlich insoweit Konzessionen für Verkehrsanlagen, Gas oder Wasser in Form von private bills verliehen werden, sehr große Kosten verursacht. — Die von verschiedenen Seiten, namentlich den beiden deutschen Barristers in London — Inhulsen und Hirschfeld — bezüglich der Stellung und Tätigkeit der englischen Barristers und Solicitors gegebenen Schilderungen enthalten gleichfalls wertvolle Ergänzungen zu meiner Darstellung, in welcher ich absichtlich vermieden hatte, die sehr schwierigen und verwickelten Fragen der Organisation der Anwaltschaft in den Kreis meiner Erörterungen zu ziehen. Denn eine auch nur einigermaßen gründliche Erörterung dieser Probleme[1]) hätte die an sich

[1]) Nur auf einige Punkte mag hier hingedeutet werden. In Frankreich zerfällt die Anwaltschaft bekanntlich in avoués — für welche es nur eine beschränkte Zahl durch Kauf zu erwerbender Stellen gibt und in avocats, deren Beruf frei ist. Nur letztere geniefsen als Stand ein aufserordentlich hohes Ansehen. — Die Trennung zwischen barrister und solicitor besteht nicht in den meisten englischen Kolonien und in den Vereinigten Staaten von Amerika. Eine ausgezeichnete vergleichende Darstellung des englisch-schottischen Systems einerseits und des amerikanischen andrerseits gibt James Bryce, der jetzige englische Botschafter in Washington, in seinem grofsen Werk: The American commonwealth. 2. Aufl. 1891 Bd. 2, S. 497—510. Er empfiehlt wohl einige Verbesserungen seines heimatlichen Systems, zweifelt aber, ob England geneigt sein wird „to allow her historic bar to be swallowed up and vanish in the more numerous branch of the profession" (S. 510). Dabei

schon reichlich lang gewordenen „Grundlinien“ noch erheblich weiter verlängern müssen. Eine Notwendigkeit zu solcher Erörterung lag aber für mich nicht vor, insbesondere hatte ich keinen Anlaß, die Entlastung der Richter durch die Barristers und den Umfang dieser Entlastung näher darzulegen, da ich nirgends vorgeschlagen oder angeregt hatte, die Entlastung der deutschen Richter nach dem englischen Vorbild durchzuführen und die Zahl der deutschen Richter nach Maßgabe der englischen Ziffern einzuschränken. Anzuerkennen ist jedoch, daß den von mir angeführten Gründen geringerer Inanspruchnahme der richterlichen Arbeitskraft in England: Übertragung vieler Geschäfte auf Hilfsbeamte, Einfachheit und praktische Gestaltung des Verfahrens, hohe Kosten der Prozeßführung, gesetzliche Einschränkung der Rechtsmittel — als ein weiterer: die Entlastung der Richter durch die Anwälte noch hinzuzufügen ist.

Eine Berichtigung meiner Darstellung erfolgte namentlich in bezug auf einige statistische Angaben.[1])

verkennt er die Vorteile der Vereinheitlichung für den angehenden, emporstrebenden Anwalt sowohl als für das Publikum keineswegs, glaubt aber, dafs die Zweiteilung einen stärkeren Schutz gegen die bedenklichen Einflüsse grofser Unternehmungen und gewissenloser Klienten, gegen das Eindringen illoyaler Geschäftsbehandlung und gegen andere für die Hochhaltung der Standesehre gefährliche Versuchungen bietet. Ein kleiner Kreis könne leichter als eine grofse Körperschaft, deren Mitglieder vielfach ebenso sehr Geschäftsleute als Anwälte seien, in hohem und vornehmem Sinne einwirken „on the administration of justice and the standard of commercial morality . . .“ Bryce lobt zugleich sehr die Vorzüglichkeit vieler der amerikanischen law schools, durch welche das Mutterland weit überholt sei. — Die Einführung der Zweiteilung in Deutschland ist trotz der entgegenstehenden Schwierigkeiten von einem ideal gerichteten angesehenen Anwalt, dem verstorbenen Justizrat Julian Goldschmidt (E. Kruse, Richteramt und Advokatur. Leipzig 1897 S. 35ff., 57ff.) empfohlen.

[1]) Eine lebhafte Erörterung hat sich an meine Aufstellung geknüpft, dafs Deutschland etwa zehnmal so viel Berufsrichter brauche, als England, oder genauer: als England brauchen würde, wenn es an Stelle seiner Laienrichter (Friedensrichter) auch Berufsrichter verwendete. Von verschiedenen Seiten (Geiger a. a. O., Landrichter Dr. P. Winter, Rechtspflege, Richter und Publikum in Deutschland. Leipzig 1906 S. 25, 26. v. Lewinski a. a. O. S. 22, 26 u. a. m.) ist meine Berechnung namentlich deshalb angefochten,

Diese Statistik hatte ich nur unter ausgesprochenen Reserven (Grundlinien S. 70) zusammengestellt. Ich freue mich daher, daß die vielseitige Prüfung meiner Ziffern zwar verschiedene Berichtigungen in Einzelheiten: eine höhere Ziffer der deutschen Strafprozesse, eine kleinere Ziffer der englischen Zivilprozesse, eine höhere Verhältnisziffer der englischen Berufungen und dergl. gebracht hat, daß aber dadurch in keiner Weise dasjenige erschüttert ist, was ich mit jener Statistik zeigen wollte und in der Deutschen Juristen-Zeitung, 1906, S. 504, dahin formuliert hatte:

„Ich habe aus der Justizstatistik für das Deutsche Reich, England und Schottland eine Reihe von Ziffern zusammengestellt (vgl. Grundlinien S. 70—84), aus denen sich ergibt, daß an sich die Straffälle und die Zivilstreitigkeiten an Zahl in den drei Ländern keineswegs so verschieden sind, daß daraus die Unterschiede der Richterzahlen erklärt werden könnten. Wohl aber ergibt sich zugleich, daß die Art der Erledigung bei uns viel mehr richterliche Arbeitskraft erfordert. Insbesondere werden in England außerordentlich viele Zivilsachen vor dem Urteile gütlich erledigt, so daß die Zahl der auf kontradiktorische Verhandlung von dem Richter ergangenen Urteile weit geringer ist als bei uns.[1]) Am gewaltigsten aber sind die Unterschiede,

---

weil ich die englischen Registrars, die einen grofsen Teil der den deutschen Richtern obliegenden Arbeit besorgten, den englischen Richtern nicht zugezählt hätte. Allein die Registrars haben keine Richterqualität im englischen Sinn, und die entscheidende Frage ist gerade, ob nicht in Deutschland zu Unrecht den Richtern viele Geschäfte auferlegt sind, die ihm wieder abgenommen werden sollten (vgl. Abschnitt 2). Eine ausführliche Begründung meines Standpunktes habe ich in dem S. 9 genannten Aufsatz: Zur Justizreform gegeben. Stein S. 16, 17 ist meiner Auffassung beigetreten.

[1]) In den Grundlinien S. 84 hatte ich gefragt, ob etwa die Anwälte in gröfserem Umfang auf vergleichsweise Erledigung von Streitsachen hinwirkten? Hirschfeld S. 453 bejaht die Frage: „Oft sind es die Barristers, welche aus natürlicher Scheu, eine Sache, von deren Meriten sie nicht überzeugt sind, vor dem Richter mündlich zu vertreten und sich öffentlich damit bloszustellen, auf Vergleiche hinarbeiten“.

wenn man die Berufungen und Revisionen und die dadurch verbrauchten richterlichen Kräfte miteinander vergleicht".

Wie hiernach durch die kritische Nachprüfung das Wesentliche meiner statistischen Darlegungen nur bestätigt worden ist, so hat auch meine Auffassung in bezug auf dasjenige, was wir im Verfahren von England lernen können, durch die Ausführungen von Stein (S. 30, 31, 78ff., 92ff.) und Geiger (S. 271) wertvolle Bestätigung erfahren.

Daß schließlich gegenüber den von mir betonten Lichtseiten von anderer Seite auch die Schattenseiten englischer Justizpflege kräftig hervorgehoben sind, finde ich durchaus begreiflich. Es ist das nur die Anwendung des bekannten Satzes von Choc und Gegenchoc. Bedauerlich ist nur, daß man die Vorstellung zu erwecken versucht hat, als ob gewisse, auch in England beklagte Mißstände der englischen Rechtspflege mit meinen Reformvorschlägen in enger Verbindung ständen, während in Wirklichkeit gar kein Zusammenhang besteht. Denn welche Bedeutung hat es für unsre Reformfragen, wenn in England über das englische Friedensrichteramt, über die Zentralisation der oberen Gerichtsbarkeit in London, über die Zeitvergeudung und die Verschleppungen infolge des Systems der reisenden Richter, über die Organisation und das Verfahren der Grafschaftsgerichte, über die übermäßige Anwendung der Haft, über die hohen Kosten der Privatverfolgung, sowie über Anwalts- und Gerichtskosten geklagt wird?! Denn alle diese Klagen beziehen sich auf englische Einrichtungen, deren Übertragung auf Deutschland niemand empfohlen hat. Ja, wenn die Klagen sich auf diejenigen Rechtsgedanken bezögen, deren Verwertbarkeit von mir (Grundlinien S. 125, 126) angeregt worden ist! Aber trotz eifrigsten Sammelns haben gerade solche Klagen nicht ermittelt werden können[1]).

---

[1]) Vgl. hierzu v. Lewinski a. a. O. S. 4, 34—47 und dagegen meinen Aufsatz: Zur Justizreform.

Es ist ohne weiteres einleuchtend, daß eine derartige Behandlungsweise zur Klärung unserer Reformfragen nichts beizutragen vermag.

Die oben beklagte Vorstellung, daß ich die englischen Einrichtungen auf unsere Verhältnisse übertragen wolle, hat aber zugleich das Verständnis meiner Vorschläge außerordentlich erschwert. Zum Belege genügt es, folgenden bezeichnenden Fall anzuführen:

In dem oben S. 9 genannten Aufsatz bekämpft der OLPräsident a. D. Hamm meinen Vorschlag der Ausscheidung der höheren Richterstellen aus der richterlichen Beamtenlaufbahn damit, daß es einerseits unmöglich wäre, unsere zahlreichen höheren Richterstellen — so wie ich nach englischem Muster wolle — mit Anwälten zu besetzen, und daß andererseits durch den Ausschluß von den höheren Richterstellen die Amtsrichter degradiert und zu Richtern 2. Klasse herabgesetzt würden. In Wirklichkeit habe ich in der Deutschen Juristenzeitung 1906 S. 508 gesagt, daß die eigentlichen, ausschließlich der Rechtsprechung dienenden Richterstellen, d. h. die Stellen an den Land- und Oberlandesgerichten, aus der Beamtenkarriere auszuscheiden und von vornherein mit erfahrenen und bewährten Kräften, seien sie in der Amtsgerichtslaufbahn, im Anwaltstande oder an anderen Stellen herangewachsen, zu besetzen seien. Die teilweise Entnahme der oberen Richter aus den Amtsrichtern ist also auf das bestimmteste ausgesprochen und auch in den Grundlinien S. 147 und 162 bestätigt worden. Die Behauptung, ich wolle die Amtsrichter degradieren und zu Richtern 2. Klasse machen, ist also ohne jede tatsächliche Unterlage. Trotzdem hat der Geh. Oberjustizrat Mügel, der im übrigen meine Anregungen so verständnisvoll und vorurteilslos beurteilt, sich in der Deutschen Juristenzeitung vom 15. Oktober 1906 S. 1110—1118 in seinem bekannten Aufsatz den Hammschen Ausführungen in dieser Beziehung durchaus angeschlossen und es als nicht verständlich bezeichnet, warum nur frühere Anwälte Richter werden sollen! Und andere sind ihm dann wieder in dieser mißverständlichen Auffassung meiner Ausführungen gefolgt. Auf die Frage selbst wird weiter unten einzugehen sein. Hier sollte nur an einem Beispiel gezeigt werden, wie leicht Mißverständnisse entstehen, wenn die Auffassung des gedruckten Wortes durch unrichtige Vorstellungen von den Absichten des Autors getrübt wird. Andererseits mag sich auch der Ausdruck der Hoffnung anschließen, daß eine weitere, von Mißverständnissen befreite Erörterung meiner Gedanken noch zu bedeutsamer Klärung und Verständigung führen wird.

Ich kann dabei ohne weiteres zugeben, daß an manchen Mißverständnissen auch die nicht genügend klare Art meines Vortrags, die Hineinziehung englischer Einrichtungen und die Schwierigkeit der erstmaligen Entwicklung neuer Gedanken und Vorstellungen schuld sein mag. Ich werde daher im folgenden noch einmal von vorn beginnen, d. h. unsere deutschen Justizverhältnisse einer kritischen Prüfung unterziehen und die Wege zu ihrer Verbesserung in unmittelbaren Anschluß an die nachgewiesenen Mängel und Unzulänglichkeiten aufzufinden suchen. Englische Verhältnisse und Einrichtungen werden dabei meinerseits nirgends als Vorbild hingestellt werden, vielmehr sollen die Vorschläge zu reformatorischen Eingriffen und Umgestaltungen lediglich aus den deutschen Verhältnissen heraus begründet werden. Denn auch ich will, um die Worte des Reichstagsabgeordneten Dr. Varenhorst (Sitzung vom 13. März 1907. Verhandl. S. 438) zu gebrauchen, „ein Recht, das auf vaterländischer Grundlage, auf heimischer Grundlage und auf deutscher Grundlage beruht, und das dem deutschen Empfinden und dem deutschen Fühlen gerecht wird.“ Und auch ich will mit dem Abg. Pallaske (Verh. d. H. der Abg. 15. Februar 1907 S. 782), daß „bei der Entscheidung so wichtiger Fragen ... die die Wohlfahrt und Zukunft unseres Volkes berühren, . . . die Bedürfnisse und Anschauungen der gesunden Elemente unseres Volkes zum Ausdruck kommen.“ Der Hinweis auf England hat für die Zwecke des

Alarmrufes seine Schuldigkeit getan: der Mohr kann nun gehen!

Die bisher erwachsene Literatur wird von mir nach Möglichkeit berücksichtigt werden. Juristisch-technische Erörterungen bleiben auch jetzt ausgeschlossen. Um so größeres Gewicht aber soll auf die möglichst eindringende Darlegung der wirtschaftlichen und sozialen Gesichtspunkte, sowie derjenigen Momente einer gesunden Justizpolitik gelegt werden, welche die Aufrichtung neuer Ziele und die Eröffnung neuer Wege notwendig machen.

Als leitender Gedanke wird auch fernerhin die alte Wahrheit maßgebend sein, daß wichtiger noch als die Gesetze, welche die allgemein gültigen Regeln feststellen, die Richter sind, welche für den einzelnen Fall festsetzen, was Rechtens ist.[1]) Auch gute Gesetze versagen, wenn unzureichende Richter zu ihrer Handhabung bestellt sind, und mangelhafte Gesetze werden erträglich, wenn ihre Anwendung in den Händen hervorragender Richter liegt.

Von diesem Gesichtspunkt aus hatte ich es in meinen früheren Ausführungen als selbstverständlich angesehen, daß die zurzeit vorhandene große Richterzahl an sich als ein Mißstand erscheine, da die Quantität notwendig die Qualität drücke und die Sicherung einer angemessenen sozialen Stellung und auskömmlicher Gehälter durch die große Zahl wesentlich erschwert oder gar gehindert werde. Erfahrene Sachkenner haben dieser Auffassung zugestimmt und deshalb mit mir die Forderung einer erheblichen Verringerung der Richterzahl erhoben.[2]) Auch haben die diesjährigen Verhandlungen des Preußischen Ab-

---

[1]) Die in Deutschland noch immer nicht genügend gewürdigte, für die Rechtsentwicklung und das gesamte Rechtsleben entscheidende Stellung des Richteramtes habe ich schon vor langen Jahren hervorgehoben in meiner Schrift: Zur Lehre von den Rechtsquellen 1872 S. 7—12, 42 ff., 54 ff.

[2]) Z. B. Mügel, a. a. O. S. 1111. Dr. Holtgreven, OLGPräs. in Hamm, Vorschläge zur Justizreform. S. 5—7. OLGR. Niedner, Zur Frage einer durchgreifenden Justizreform. S. 3, 4. RGR. Henderichs, Grenzboten Oktober 1906. S. 130, 132.

geordnetenhauses auf fast allen Seiten das Gefühl, ja die Überzeugung hervortreten lassen, daß es mit der fortgesetzten Richtervermehrung nicht endlos weitergehen könne, sondern organische Reformen zur Einschränkung des Richterbedarfs notwendig seien.[1]) Andere haben indessen eingewandt, daß die Vermehrung der Richter doch in engem Zusammenhang mit der noch stärker gewachsenen Bevölkerung und der Zunahme des geschäftlichen Verkehrs stehe, und die Bevölkerung auch fernerhin wohl imstande sein werde, den erforderlichen Mehrbedarf an Juristen ebensogut wie bisher zu produzieren.[2]) Ich lasse daher die heikle Frage, ob die Quantität bisher schon die Qualität gedrückt oder gefährdet habe, ganz auf sich beruhen. Denn darin werden alle übereinstimmen, daß je kleiner die Zahl der Richter ist, um so größer die Möglichkeit der Auswahl wird und die Wahrscheinlichkeit einer Gewinnung hervorragend guter Kräfte.[3]) Eine möglichst weitgehende d. h. eine mit einer wahrhaft guten, unsern deutschen Bedürfnissen entsprechenden Rechtspflege verträgliche Beschränkung der Richterzahl erscheint also ohne weiteres als ein mit aller Energie zu erstrebendes Ziel.

Ich lasse ferner ganz auf sich beruhen die Frage, ob die richterliche Tätigkeit, wie sie zurzeit ausgeübt wird, Züge von Weltfremdheit an sich trägt und hie und da das allgemeine Vertrauen nicht in dem erwünschten Maße genießt. Auch lasse ich die hiermit eng zusammenhängende Frage unerörtert, ob und inwieweit Publikum und Presse der richterlichen Tätigkeit gegenüber immer die richtige Stellung einnehmen.[4]) Für mich genügt die Tatsache, daß

---

[1]) Verh. vom 15. und 16. Febr. 1907. RA. Pallaske (kons.) S. 781. LGDir. Röchling (natl.) S. 790. RA. Lüdicke (freikons.) S. 798. LGR. Peltasohn (freis. Ver.) S. 818. AGR. Krause (freikons.) S. 839.

[2]) Winter a. a. O. S. 10, 11. Stein a. a. O. S. 66ff.

[3]) Der Staatssekretär Dr. Nieberding hat diesen Satz für das Reichsgericht ausdrücklich anerkannt (Grundlinien S. 17). Er gilt aber natürlich ebenso für alle andern Gerichte. Vgl. LGDir. Röchling, a. a. O. S. 790: „nicht viele Richter, sondern möglichst gute Richter!"

[4]) Vgl. hierüber namentlich Winter a. a. O. S. 11—23.

seit Jahren aus richterlichen und nichtrichterlichen Kreisen heraus Klagen über die gegenwärtigen Verhältnisse in unserer Justizpflege laut geworden sind,[1]) um in eine eingehende Untersuchung darüber einzutreten, ob und durch welche Mittel es möglich ist, die richterliche Stellung zu heben und die Autorität der Gerichte zu stärken. „Die Zeichen, die darauf hindeuten, daß bei uns in der Rechtspflege nicht mehr alles voll befriedigend bestellt ist, sind wohl zu beachten: es handelt sich nicht etwa nur um persönliche Angelegenheiten der Richter, sondern um Fragen von der höchsten öffentlichen Bedeutung". (Winter a. a. O. S. 37.)

Daß die politischen Parteien bisher zu den neuen Fragen und Problemen meist eine zurückhaltende und abwartende Stellung eingenommen haben, ist nach meiner Auffassung nur mit Freude zu begrüßen. Denn die Erörterungen sind bisher keineswegs tief und erschöpfend genug gewesen, um jetzt schon eine sichere Stellungnahme zu ermöglichen.[2]) Außerdem handelt es sich um Fragen von so hoher und umfassender Bedeutung, daß sie weit über Parteiprogramme hinausragen und keine Parteisache, sondern eine gemeinsame nationale Angelegenheit bilden. Immerhin werden die verschiedenen Seiten, welche eine durchgreifende Reform bietet, naturgemäß bald mehr die eine, bald mehr die andere Partei interessieren, und eine feste Stellungnahme wird nötig werden, sobald die in Aussicht gestellten Reformgesetze in betreff des Strafverfahrens und des amtsgerichtlichen Prozesses dem Reichstage zugehen. Eine solche Stellungnahme vorzubereiten, wird eine

---

[1]) Eine lange Liste von Broschüren, Aufsätzen und Zeitungsartikeln wäre leicht zusammenzustellen. Ich hebe nur hervor den Aufsatz eines Richters in den Preufs. Jahrb (1896) Bd. 86 S. 320—358: Das Grundübel unserer Strafrechtspflege" von Gotthelf Weiter, und eine Entgegnung von Landrichter Dr. Viezens, „Die Taugenichtse". Eine Betrachtung über preufsische Richter. Berlin, C. Heymann 1897.

[2]) Ich verweise z. B. auf die von der politischen Presse noch gar nicht näher erörterten Probleme, wie das noch immer den Strafprozefs durchdringende, inquisitorische Moment (unten S. 25, 31) auszuscheiden und die richterliche Unabhängigkeit besser als bisher zu sichern ist (vgl. Abschnitt 3).

der wichtigsten Aufgaben der nachfolgenden Erörterungen sein müssen,[1]) welche zunächst die bisher fast ausschließlich erörterten Fragen des gerichtlichen Verfahrens, sodann die bisher stark vernachlässigten Fragen der Gerichts-Organisation behandeln und endlich auch das Kostenwesen wenigstens kurz berühren sollen. Wenn es mir dabei zugleich gelänge, Brücken der Verständigung zu den im Reich und in Preußen maßgebenden Stellen zu schlagen, so würde mir das zu ganz besonderer Freude gereichen. Auch kann ich die Möglichkeit solcher Verständigung trotz der ablehnenden Äußerungen in Reichstag und Landtag[2]) noch keineswegs als ausgeschlossen ansehen,

---

[1]) Vom linksliberalen Standpunkt aus hat R.-A. Dr. E. Auerbach (Frankfurt a. M.) in der Beilage zur Allg. Zeitung No. 231 S. 37 (1906, 5. Oktober) die Forderung aufgestellt, dafs der Liberalismus zu den Problemen der Justizreform Stellung nehme. Mit den bisherigen Schlagworten sei es nicht getan. Gerade hier eröffne sich dem Liberalismus ein reiches Arbeitsfeld und eine weitführende Aufgabe. Gerade in den Fragen rechtspolitischer Natur habe der liberale Gedanke bisher die geringsten Fortschritte gezeitigt. Es gelte daher, sich beizeiten für eine umfassende Justizreform zu rüsten und das Verständnis weiter Volkskreise zu erschliefsen.

[2]) Staatssekretär Dr. Nieberding sagte am 12. März 1907 (Reichst.-Verh. S. 419): „Wenn wir eine Reform haben werden, so werden wir sie nur haben auf einem Wege vorsichtigen Mafshaltens, wie ihn die Strafprozefskommission gegangen ist, nicht aber auf dem Wege stürmischer Gedanken, die eine Umgestaltung unseres Prozesses bedingen, wie sie, glaube ich, die Mehrheit dieses Hauses niemals bewilligen wird"; und weiter (S. 420): „Dafs die Vorschläge des Herrn Oberbürgermeisters Adickes in ihren letzten Zielen mit einer deutschen Gerichtsverfassung, wie wir sie uns denken, nicht vereinbar sind, das hat wenigstens der eine der Herren Interpellanten" — Abg. Gröber (Zentr.) — „hier schon bemerkt. Das ist auch die Anschauung der Reichsverwaltung, und ich für meine Person stimme darin überein mit dem Preufsischen Herrn Justizminister, der sich ja darüber schon im Hause der Abgeordneten ausgesprochen hat; ich zweifle auch nicht, dafs die übrigen Bundesregierungen im wesentlichen derselben Auffassung sein werden." Und der Preufs. Justizminister Dr. Beseler bemerkte im Anschlufs an die oben (S. 10) erwähnten Äufserungen betreffs der Übernahme englischer Einrichtungen: „Also ich glaube, dafs die Reformen, die ja auch in unserem Vaterlande auf dem Gebiete der Rechtspflege im Werden sind, sich nicht auf die Grundlage werden stellen lassen, die bei jenen früheren Verhandlungen des Herrenhauses angedeutet worden sind. Andererseits ist aber auch der Reichskanzler und mit

da Mißverständnisse bislang leider, wie oben S. 15 gezeigt, eine nur zu bedeutsame Rolle gespielt haben.

---

ihm die preufsische Regierung der Meinung, dafs allerhand Verbesserungen wohl am Platze seien, wenn auch nicht gerade in der äufseren Organisation, der Gruppierung unserer Gerichtsbehörden, sondern vielmehr in einer anderen Abgrenzung der Kompetenzen, so dafs in dieser Beziehung eine ganz bedeutende Verschiebung stattfinden kann, die nach wohlerwogener Meinung eine wesentliche Verbesserung bedeuten würde. Im allgemeinen kann ich hier nur meine persönliche Ansicht aussprechen; denn etwas fertig Vorliegendes ist noch nicht gegeben. Aber in der Vorbereitung ist Vieles und Bedeutsames, und es wird auch seinerzeit in die Erscheinung treten". — Als Ausdruck der Stimmung in einflufsreichen Kreisen ist auch wohl die in autoritativem Ton gehaltene Versicherung des zurzeit im Preufs. Justizministerium beschäftigten Gerichtsassessors v. Lewinski (a. a. O. S. 47) aufzufassen: „Der Gedanke, dafs der übermäfsigen Vermehrung der Richterstellen entgegengearbeitet werden mufs, ist nicht neu und wird stets Gegenstand ernster Fürsorge bleiben müssen. Er wird jedoch nicht in der von Adickes erträumten, radikalen Form der Verwirklichung entgegengeführt werden können, sondern nur durch eine allmähliche Entlastung des Richters von untergeordneter Arbeit und durch solche Änderungen des Verfahrens und der Verfassung, die sich dem bestehenden System unserer Justiz einfügen lassen. — An eine durchgreifende Reform dieses Systems zu denken, ist jetzt, kaum 27 Jahre seit der letzten grofsen Neuorganisation, verfrüht."

2. Das gerichtliche Verfahren.

Die Klagen über bureaukratische Schablone und Vielschreiberei erfüllen in Deutschland seit undenklicher Zeit die Luft und haben in der Justiz auch dann nicht aufgehört, als die zu politischen Schlagworten erhobenen Forderungen der Öffentlichkeit und Mündlichkeit des gerichtlichen Verfahrens durch die Bewegung von 1848 fast überall durchgesetzt waren. In einzelnen Zweigen der Verwaltung, wie im Betriebsdienst der Eisenbahn, sind im Laufe des letzten Jahrzehnts wichtige und einschneidende Vereinfachungen durchgeführt worden. Es kann nicht wundernehmen, wenn die immer gebieterischer sich geltend machenden Forderungen schneller, billiger und einfacher Erledigung einfacher Sachen auch in der Justiz sich in beschleunigterem Tempo durchzusetzen suchen. Es ist ja einer der wesentlichsten Grundzüge bureaukratischen Regiments, daß große und kleine, wichtige und unwichtige Dinge mit demselben Ernst und derselben Umständlichkeit behandelt, in die Register eingetragen und formell und sachlich so bearbeitet werden, daß immer eine höhere Instanz kontrollieren, prüfen und nötigenfalls eingreifen kann. So wichtig aber auch die gewissenhafte Erledigung selbst unscheinbarer Angelegenheiten ist und so bedenklich es sein würde, das Pflichtgefühl, die Unverdrossenheit und die ängstliche Gewissenhaftigkeit unseres Bureau-Beamtentums durch irgendwelche Maßnahmen zu erschüttern, welche den Wert und die Bedeutung der Kleinarbeit herabzusetzen geeignet wären, so muß doch andrerseits auch dafür Sorge getragen werden, daß nicht mit Kanonen nach Spatzen geschossen wird. Dies muß um so energischer und umfassender geschehen, als der zum Gegenstand der Arbeit außer Verhältnis stehende Kraftaufwand nicht nur die Bureaus der Justizverwaltung, sondern in vielleicht noch höherem Maße die Richter selbst bedrückt: Die Belastung der Strafgerichte mit kleinlichen Strafverfolgungen, deren Nutzen in keinem Verhältnis zu ihren üblen Wirkungen steht, wird immer einmütiger beklagt; unsere Prozeßordnungen mögen ein Muster theoretisch feinsinniger und logisch konsequenter Durchbildung sein, allein vom Standpunkt rationeller Gestaltung und einer den Bedürfnissen gerecht werdenden Zweckmäßigkeit aus besehen, zeigen sie, wie von immer weiteren Kreisen anerkannt wird, außerordentlich viele Mängel und unzweckmäßige Anordnungen; der richterliche Kraftaufwand, der tagaus tagein durch die Termins-Aussetzungen im Zivilprozeß nutzlos verbraucht wird, ist wiederholt auf einen erheblichen Bruchteil der gesamten richterlichen Arbeit geschätzt worden; die Langsamkeit, der schleppende Gang, der Mangel einer die Parteien mit sicherem Zwange zur einheitlichen Hauptverhandlung auch in Zivilsachen hinführenden Ordnung lasten auf Richtern, Anwälten und Parteien in gleicher Weise; die gleiche Behandlung, welche heute die Ausstandsprozesse zahlungsunfähiger Schuldner und die wirklich streitigen Sachen finden, wird mehr und mehr als ein völlig unbegründeter und unhaltbarer Schematismus erkannt, der allen Forderungen wirtschaftlich überlegter Organisation und gesunder Justizpolitik Hohn spricht.[1]) Daß endlich der seit 50 Jahren

---

[1]) Die Literatur über diese Mängel und Übelstände ist nachgerade ungeheuerlich angeschwollen. Ich nenne hier nur den jetzigen OLG.Pr. Dr. F. Vierhaus und seinen schon in den Grundlinien (S. 8) angeführten Aufsatz: Soziale und wirtschaftliche Aufgaben der Zivilprozefs-Gesetzgebung, ferner OLGR. K. Schneider (Reform der deutschen Zivilprozefsordnung) im „Recht". 1906 S. 1356 und in den Verhandlungen des Deutschen Landwirtschaftsrates vom 12. März 1907, sowie RGR. Henderichs, der geradezu der geltenden Z.Pr.O. „in grofsem Mafse (die Schuld) an der Schwächung der Autorität der Gerichte und dem Sinken des Ansehens der Richter" beimifst (Grenzboten 1906 S. 131). — Wegen des Strafprozesses vgl. unten S. 26.

geführte Kampf gegen das schriftliche Verfahren einstweilen erst zu einer Schein-Mündlichkeit geführt hat und die wahre d. h. die den Bedürfnissen und Möglichkeiten der Prozeßführung gerecht werdende Mündlichkeit erst noch erkämpft werden muß, ist neuerdings von sachkundiger Seite so lebhaft betont worden, daß eine Bezugnahme auf diesen Gewährsmann — Professor Stein in Halle a. S. — der auch die andern Mängel des Verfahrens geißelt, um so eher genügen wird, als sein oben S. 9 schon genanntes Buch vom Preußischen Justizminister selbst in der S. 9, 10 genannten Sitzung des Abgeordnetenhauses als „sehr gründlich und sorgfältig" anerkannt worden ist.

Stein beklagt wiederholt das bei uns noch herrschende „unselige Schreibwerk ... In unserem Strafprozeß sind die Protokolle der Sitz des Übels. Um die lumpigste Polizeiübertretung wird ein Aktenstück vollgeschrieben ... Es mag vielleicht die deutsche Gründlichkeit sein, die hier an unrechter Stelle ihre Triumphe feiert . . . es (ist) bei uns mit der Mündlichkeit noch nicht recht ernst ... wenn im Strafprozeß das erkennende Gericht nicht die Akten des Vorverfahrens, sondern nur die Anklageschrift vorgelegt erhielte, wäre hier sofort Wandel geschaffen" (S. 82). Er bekräftigt dies an anderer Stelle (S. 30, 31): „Bei uns liegt, wer wollte das leugnen, der Schwerpunkt des Verfahrens in den Akten. Die Akten im Vorverfahren werden zusammengeschrieben, damit in der Hauptverhandlung eine sachgemäße Vernehmung stattfinden kann. Und die Vernehmung des Angeklagten und der Zeugen in der Hauptverhandlung erfolgt mit dem Finger auf den Akten. Der Richter fragt: „Angeklagter, wo sind Sie an dem und dem Tage gewesen?" „In Berlin." „Der und der Zeuge wird uns sagen, daß Sie anderswo gewesen sind." Der Zeuge, der seine Aussage macht, wird darauf hingewiesen, daß in den Akten etwas ganz anderes steht. Es wird bei uns eine mündliche Reproduktion des Akteninhaltes vorgenommen. Das ist der eine Punkt, den wir von den Engländern lernen können, nämlich die Hauptverhandlung auf eigene Füße zu stellen. Es geht! ... (Wir müssen) unser Hauptverfahren im wesentlichen zu einem mündlichen machen und unser Vorverfahren reformieren in dem Sinn, daß es eine Vorbereitung der Anklage und nicht eine Vorbereitung der Hauptverhandlung ist. Meine Überzeugung ist, daß die Voruntersuchung beseitigt werden muß. Das Vorverfahren gehört in die Hand des Staatsanwaltes, es soll ihm die Möglichkeit geben, sich zu entschließen, ob er die Anklage erheben will. Und dann eine Hauptverhandlung, in der die Anklageschrift, aber nicht die Akten des Staatsanwaltes dem Richter vorgelegt werden, der nur nach Maßgabe der Hauptverhandlung zu entscheiden hat. Das wäre ein wahrhaft mündliches Verfahren" ...

Mit dieser, zum erheblichen Teil noch auf dem alten schriftlichen Inquisitionsprozeß beruhenden, nach französischem Muster zugeschnittenen Gestaltung des Strafverfahrens hängt ein schon berührter, sehr wichtiger Punkt: das Verhör des Angeklagten durch den Vorsitzenden eng zusammen. Auf deutscher Gründlichkeit an unrechter Stelle aufgebaut, wird er wohl noch als Zeichen unserer auch die Interessen des Beschuldigten peinlich beachtenden Rechtspflege betrachtet. Stein betont dagegen (S. 30), daß bei uns „der peinlichste Teil des Verfahrens das Verhör ist. Der deutsche Richter sieht es als seine Aufgabe an, den Angeklagten zu einem Geständnis zu bewegen, dem Leugnenden die Unwahrheit seines Leugnens vor Augen zu führen. Mit der ganzen Kunst der mitteralterlichen Inquisition dringt er auf den Angeklagten ein, er sucht ihn mit seiner überlegenen Geisteskraft zu überführen und triumphiert, wenn er ihn in Widersprüche verwickeln kann. Das unselige Verhör durch den Richter trägt die Schuld daran, wenn das Volk in dem Glauben lebt, daß der deutsche Richter dem Angeklagten nicht unvoreingenommen gegenüber — stehe. In England kann ein solcher Glaube nicht aufkommen. Dort sitzt der Richter nicht, um die Wahrheit zu ermitteln, sondern zu entscheiden (S. 31). — Die Folge ist die absolute Gleichstellung der Anklage und der Verteidigung; das moralische Übergewicht des beamteten

Staatsanwaltes, der dem Gericht gleichgeordnet in weitem Abstande über dem Angeklagten steht, fehlt gänzlich ... der Umstand, daß man nicht wie bei uns, in den Angeklagten eindringt mit einem sein Inneres aufwühlendes Verhör, daß man ihm mit einem gewissen Vertrauen entgegenkommt, hat zur Folge, daß in England die Zahl der Geständigen ... außerordentlich groß ist" (S. 24).

Im übrigen beklagt auch Stein (S. 106, 107) die weit über das verständige Maß hinaus ausgedehnte Anrufung strafrichterlicher Tätigkeit, durch welche so viel Erbitterung und Unzufriedenheit erweckt werde.

Stein schildert hiernach die Übelstände unseres jetzigen Strafprozesses genau so, wie v. Liszt[1]) und Weidlich[2]) dies vor dem Erscheinen meiner „Grundlinien" und Aschrott[3]) gleichzeitig getan haben.[4]) Er will aber auch dieselben Heilmittel angewandt haben, wie sie und tritt damit in den Kreis derjenigen ein, die nicht nur — wie die vom Reichsjustizamt einberufene Kommission — einzelne Verbesserungen, sondern eine durchgreifende Umgestaltung des Strafverfahrens fordern.

Doch bin ich mit den letzten Bemerkungen schon zu weit geführt. Es handelt sich zunächst noch nicht um Reformgedanken, sondern um die Feststellung der Mängel und Übelstände, die unserm jetzigen Verfahren anhaften.

Hinsichtlich des Strafprozesses werden die bisherigen Nachweise, wie ich hoffe, genügen. Ich habe sie ausführ-

---

[1]) Franz v. Liszt, Die Reform des Strafverfahrens. Guttentag 1906.

[2]) Dr. Karl Weidlich, Die englische Strafprozefspraxis und die deutsche Strafprozefsreform. Guttentag 1906.

[3]) Landgerichtsdirektor a. D. Dr. Aschrott, Die Reform des Strafprozesses. Generalreferat, erstattet für die XI. Versammlung der internationalen kriminalistischen Vereinigung. Gruppe Deutsches Reich. Guttentag 1906.

[4]) Inhulsen a. a. O. S. 425 meint sogar, dafs „die französische Travestie des Strafprozesses, über welche man sich seit Jahren in England und Amerika amüsante Geschichten erzählt, in ihrer deutschen Gestaltung zusammengebrochen ist." — W. Kahl (vgl. S. 31) sagt, dafs nach 26 Erfahrungsjahren von der jetzigen Ordnung der Dinge niemand mehr befriedigt sei, und verlangt deshalb grundsätzliche Änderungen.

licher gehalten, weil die Fragen der Reform bereits mit Beschleunigung dem Abschluß zugeführt werden.

Der verkehrte Schematismus der Zivilprozeßordnung, welcher den amtsgerichtlichen Prozeß ohne Anwaltszwang, doch im wesentlichen mit dem auf Anwaltszwang beruhenden landgerichtlichen Prozeß gleich behandelt, ist nunmehr von den zuständigen Stellen offiziell anerkannt worden. Es soll daher zunächst ausschließlich der amtsgerichtliche Prozeß umgestaltet werden, so schwer auch die Mängel des landgerichtlichen Prozesses seit Jahren von den Beteiligten empfunden werden. Professor Stein mag auch hier mein Gewährsmann sein: er beklagt auch im Zivilprozeß das unselige Schreibwerk und die Mündlichkeit an der unrechten Stelle (S. 82, 83). Sie sei „ein unersetzliches Mittel zur Aufklärung in streitigen Sachen, aber . . . ein unerhörter Luxus für nicht streitige Sachen". Alljährlich finden bei uns zahllose überflüssige Termine — vielleicht eine Million — statt, in denen die kostbare Zeit der Richter und Parteien vergeudet werde (S. 93). Er verlangt daher insbesondere für Versäumnis- und Anerkenntnisurteile die einfachsten Formen (S. 83, 93) und „hätte gar kein Bedenken (diese Urteile) vom Subalternbeamten erledigen zu lassen."

Das sind einige der wesentlichsten, unser ganzes Prozeßverfahren durchdringenden Übelstände! Ihnen gegenüber gibt es nur zwei Möglichkeiten des Verhaltens: man muß die Übelstände entweder bestreiten oder aber mit etwas größerer Energie und Einheitlichkeit als bisher durch geeignete Reformen zu beseitigen suchen. Die rechtsgelehrten Anhänger des Bestehenden vom Vorhandensein der von ihnen bestrittenen Übelstände durch Beschaffung weiteren Materiales überzeugen zu wollen, wäre offenbar, d. h. mit Rücksicht auf das schon vorliegende Material, vergebliche Liebesmüh. Um so gebieterischer wird für die überzeugten Verteidiger der Reform-Notwendigkeit die Pflicht, sich fester zusammenzuschließen, die entscheidenden Punkte klar herauszuarbeiten und auch weiteren Kreisen die weitgreifende Bedeutung dieser

Punkte bestimmt und scharf vor Augen zu stellen. Wie sehr es bisher sowohl in den parlamentarischen als in den publizistischen Erörterungen an einer tieferen Erfassung vieler Hauptprobleme fehlt, ist gelegentlich (S. 18) schon angedeutet und wird im Verlauf dieser Ausführungen noch weiter hervortreten. Es gilt also in emsiger Arbeit viel Versäumtes nachzuholen, wenn nicht die Parteien wie die öffentliche Meinung den angekündigten Vorlagen unvorbereitet und unsicher gegenüberstehen sollen.

Was also kann und muß zur Beseitigung der geschilderten Übelstände[1]) geschehen?

1. Daß viele gegen die Richter und ihre Rechtsprechung auf dem Gebiete der Strafrechtspflege gerichteten Vorwürfe im Strafgesetz und in bestimmten Vorschriften der Strafprozeßordnung ihren Grund haben, ist schon wiederholt mit Recht geltend gemacht. Die zu weitgehenden Strafvorschriften über Majestätsbeleidigungen, welche einem heillosen Denunzianten-Unwesen nur zu sehr Vorschub geleistet und zu vielen aufreizenden und verbitternden Urteilen gezwungen haben, sind oft beklagt und sollen erfreulicherweise jetzt eingeschränkt werden. Vor allem legt das sog. Legalitätsprinzip, d. h. der Grundsatz, daß jede zur Kenntnis der Behörden gelangende strafbare Handlung gerichtlich verfolgt werden muß, zurzeit der Staatsanwaltschaft eine allgemeine Pflicht zur Anklage-Erhebung auf (StrPrO. § 153). Und hierdurch werden dann in den zahlreichen Fällen, „bei denen in der Tat die Verletzung oder Gefährdung der Rechtsordnung nur eine minimale gewesen ist, und wo gar kein rationelles Verhältnis mehr besteht zwischen der begangenen Tat und den Kosten, Mühen und Behelligungen, die das durchgeführte Strafverfahren mit sich gebracht hat“, bittere Klagen über die Verfolgungswut der Staatsanwaltschaft laut, die doch nur ihre gesetzliche Pflicht tut (Aschrott a. a. O. S. 531).

[1]) Über die Mängel und fehlende Tragfähigkeit der geltenden Gerichtsverfassung, namentlich der Amts- und Landgerichte vgl. den folgenden Abschnitt.

Aufhebung oder wesentliche Einschränkung des Legalitätsprinzips ist daher dringend geboten[1]. Die von den Anhängern des Bestehenden angeführten Gründe: nullum crimen sine poena — gleiche Behandlung aller — können den tatsächlich eingetretenen Übelständen gegenüber nicht überzeugen. Die StrPrKomm. hat auch hier eine prinzipielle Änderung abgelehnt und sich darauf beschränkt, die bereits bestehenden gesetzlichen Ausnahmen weiter auszudehnen. Mit Aschrott a. a. O. und den von ihm Genannten, namentlich Mittermaier, halte ich dies für ungenügend. Die Staatsanwaltschaft muß das Recht haben, im einzelnen Fall das Für und Wider einer Strafverfolgung abzuwägen. Nicht nur die Geringfügigkeit der Verletzung, sondern auch die Motive der Tat und andere Momente können ein Absehen von der Verfolgung rechtfertigen. Freilich, wenn hierdurch dem Vorwurf kleinlicher Verfolgungssucht oder zu weitgehender Willfährigkeit gegenüber gehässigen Denunzianten wirksam vorgebeugt werden kann, so entsteht auf der anderen Seite die Gefahr willkürlicher Behandlung, namentlich bei Prozessen von politischer Färbung. In Schottland traut man dem Generalstaatsanwalt (Lord Advocate), obwohl er ein Mitglied wechselnder Parteiregierungen ist, eine objektive und den Umständen angemessene Beurteilung zu und gibt ihm das Recht endgültiger Entscheidung über die Klagerhebung, vorbehaltlich des Rechtes einer unter seiner Mitwirkung zu erhebenden Privatklage. (Grundlinien S. 167, 170).

Eine solche Regelung wird jedoch bei der Schärfe unserer Parteigegensätze und der Leidenschaftlichkeit und Gehässigkeit, die unsere Parteikämpfe nur zu oft annehmen, vielleicht nicht möglich sein. Es bliebe dann nur der Aschrottsche Vorschlag (a. a. O. S. 34), das Legalitätsprinzip im allgemeinen zwar zu beseitigen, jedoch für gewisse strafbare Handlungen, namentlich solche von

---

[1]) Ebenso z. B. auch Stein a. a. O. S. 107 und Holtgreven a. a. O. S. 25.

politischer Färbung, beizubehalten und daneben dem Verletzten allgemein, aber unter den unseren Zuständen entsprechenden Kautelen, die subsidiäre Privatklage einzuräumen.

Unter allen Umständen sind die Grenzen der strafrechtlichen Repression, deren Überschreitung der Justiz große Gefahren bringt (Grundlinien S. 132), weit enger als bisher zu ziehen.

2. Rationelle d. h. dem Zweck genau angepaßte Formen des Verfahrens, unter strenger Vermeidung alles unnützen Schreibwerks, bilden die selbstverständliche Voraussetzung einer wirksamen Bekämpfung unserer seit Jahrhunderten eingewurzelten Gewöhnungen der Schreibseligkeit und bureaukratischer Weitläufigkeit. Für die richtige Feststellung der Zwecke des Verfahrens ist vor allem die Erkenntnis der Verschiedenheit der zur Behandlung kommenden Sachen unerläßlich. Strafsachen erfordern unter allen Umständen eine schleunige Erledigung, nach allgemein anerkanntem Grundsatz muß die Strafe, wenn sie wirken soll, der Tat möglichst auf dem Fuße folgen. Schwere Fälle werden natürlich eine sorgfältigere Vorbereitung erfordern und deshalb unter Umständen nur langsamer erledigt werden können. Durchgreifender ist der Unterschied im Zivilprozeß zwischen den einfachen und dringlichen Sachen auf der einen Seite und den tatsächlich verwickelten oder weittragende Rechtsfragen in sich schließenden Sachen auf der andern. Während für die ersteren eine einfache, schnelle und möglichst billige Erledigung vom wirtschaftlichen Leben nachdrücklichst verlangt wird, ist bei den andern eine weitläufigere Behandlung unter Mitwirkung von Anwälten nicht zu umgehen, wobei ein größerer Kostenaufwand unvermeidlich ist.

Entscheidend für die Erreichung des jeweilig gegebenen Zweckes ist die Wahl und zweckentsprechende Anwendung der richtigen Mittel.

Vor allem sind, wenn nicht — vgl. oben S. 27 — ungemessener Kraftaufwand unnütz vertan werden soll, mündliches und schriftliches Verfahren, jedes an der sorgfältig bestimmten Stelle, lediglich nach dem Gesichtspunkt zu verwenden, welches von ihnen dem Zweck am besten dient.

Für den Zivilprozeß bedeutet dies insbesondere, daß die mündliche Hauptverhandlung so schnell als es die bei verwickelten Sachen unentbehrliche vorsichtige Behutsamkeit zuläßt, wirksam und umfassend vorbereitet wird und zu diesem Behuf so weit nötig, mündliche Vorverhandlungen und ein gut geregelter Austausch von schriftlichen, die Streitpunkte klarstellenden Erklärungen zweckentsprechend organisiert werden, wobei Vorkehrung zu treffen ist, daß verschieden gelagerte Sachen: Forderungen, denen nur Zahlungsunfähigkeit oder böser Wille gegenübersteht, einfache oder verwickelte Streitsachen usw. in höherem Maße als bisher (vgl. S. 27) auch verschieden behandelt werden.

Für die sichere Zuführung der Vorverhandlungen auf die mündliche Hauptverhandlung hin steht das österreichische Muster [1]) wie das englische [2]) dem vergleichenden Studium zur Verfügung. Ich überlasse den technischen Konstrukteuren, welche auch die Verschiedenheiten des Anwalts- und des von den Parteien selbst geführten Prozesses gebührend zu beachten haben, das Weitere.

Für den Strafprozeß ist die Frage der wahren, ernsthaft durchgeführten Mündlichkeit zum großen Teil identisch mit der Frage der Beseitigung der Reste des Inquisitionsprozesses (vgl. S. 25 [3]). Soll der Vorsitzende auf Grund der ihm ausgehändigten Vorakten den Beschuldigten inquisitorisch vernehmen und das Gericht demnächst auf Grund ungleichmäßiger Kenntnis

---

[1]) Vgl. Vierhaus a. a. O. S. 67 und Schneider a. a. O. S. 1357.

[2]) Vgl. Geiger a. a. O. S. 271.

[3]) Diese Frage ist übrigens eine allgemein kontinentale. Vgl. H. Speyer, Agrégé à l'Université de Bruxelles. Du rôle de l'Angleterre dans l'évolution générale de la procédure pénale. 1906. (Extraît de la Revue de l'Université de Bruxelles, Décbre.) S. 249. „De nombreux chapitres de tous les codes continentaux sont encore tout imprégnés de l'esprit inquisitorial . . . Mais, d'autre part, l'infiltration britannique ne cesse de gagner du terrain, une à une les vieilles forteresses inquisitoires sont entamées et partout la superiorité des principes accusatoires s'affirme victorieusement".

des Materials — denn nur der Präsident und der Referent kennen die Akten, die anderen Richter nicht — sein Urteil fällen? oder soll das Gericht nur zuhören, wie Anklage und Verteidigung die belastenden und entlastenden Momente vorführen und seinerseits zum Schluß lediglich auf Grund der Anklageschrift und der mündlichen Verhandlung urteilen? Das letztere verlangen v. Liszt, Weidlich, Aschrott, meine Grundlinien, Stein, und sie sehen gerade in der noch festgehaltenen inquisitorischen Vernehmung des Beschuldigten einen Hauptgrund des Mißtrauens in die strafrichterliche Tätigkeit.

Ferner: Soll der Staatsanwalt Herr des Vorverfahrens sein oder soll die Vorbereitung des Hauptverfahrens zwischen ihm und dem Untersuchungsrichter geteilt sein? Die Notwendigkeit einer Beseitigung des aus dem alten inquisitorischen Verfahren herübergenommenen und nach französischem Vorbild festgehaltenen Untersuchungsrichters ist schon vielfach erörtert worden (Aschrott a. a. O. S. 46) und wird auch von den ebengenannten Schriftstellern übereinstimmend betont, wobei mit Recht auch auf die üblen Wirkungen hingewiesen wird, welche die Teilung der Verantwortlichkeit zwischen Staatsanwalt und Untersuchungsrichter in bezug auf die Schwächung des Verantwortlichkeitsgefühls und die Energie der Strafverfolgung übt und üben muß.[1]) Auch der vorsichtig abwägende Dr. W. Kahl bezeichnet „die Figur des jetzigen Untersuchungsrichters (als einen) Torso aus dem Inquisitionsprozeß, im 20. Jahrhundert zum Ab-

---

[1]) Den Wegfall des Untersuchungsrichters hatte KGR. Dr. Kronecker in der StrPrK. ohne Erfolg beantragt. Vgl. Archiv für Strafrecht und Strafprozefs, 53. Jahrg. 1906, S. 3, 4. — Dr. Wilhelm Kahl, Zur Reform des Vorverfahrens, ebenda S. 1—19. teilt gleichfalls nicht den grundsätzlichen Standpunkt der StrPrK., welche nur Verbesserungen des Bestehenden, keine tiefer greifenden Änderungen wollte. Er meint, „dafs auch ohne Radikalismus, ja gerade in organischer Fortentwicklung der geschichtlich gegebenen Grundlagen, über die Kommissionsbeschlüsse hinausgegangen werden könne, ja müsse. Diese scheinen (ihm) nicht volkstümlich genug in dem guten Sinne eines dem gegenwärtigen Gesamtrechtsbewufstsein und Rechtsbedürfnis entsprechenden gesunden Fortschritts."

bruch reif.“ Die begonnene Rezeption des Akkusationsprozesses sei nunmehr zu vollenden. Allerdings sei auch in gewissem Umfang im Vorverfahren ein Richter unentbehrlich, aber als ein wirklicher Richter der Voruntersuchung, über den Parteien stehend und über ihre Anträge entscheidend (vgl. Grundlinien S. 168, 169).

In den neuesten parlamentarischen Debatten ist aber die Beseitigung der inquisitorischen Reste im heutigen Prozeß nur einmal, vom Abg. Dove (Reichst.-Verh. S. 447) verlangt und der Untersuchungsrichter nur durch ein skeptisches Zitat des Abg. Müller-Meiningen (S. 434, 435): der Untersuchungsrichter sei nichts als ein verkappter Staatsanwalt und zwar meist noch ein schlechter — gestreift worden. Vielleicht bezog sich die Mahnung des Abg. Dr. Heinze (S. 418), „eingewurzelte Vorurteile zu beseitigen, alten Ballast, den man bis hierher mitgeschleppt hatte, fortzuwerfen und mit fester Hand die dürren Äste abzusägen“, gerade auch auf diese Reste des Inquisitionsprozesses.

In der politischen Presse, so oft sie auch über die notwendige Reform des Strafverfahrens schreibt, vermisse ich dagegen durchaus eine Behandlung dieser Fragen, welche dem Publikum deren grundlegende Bedeutung für eine wahrhaft mündliche Hauptverhandlung klar zu machen versucht. Noch vor wenigen Tagen behandelte die Frankfurter Zeitung (AbdBl. 14/3. No. 73) das Institut des Untersuchungsrichters als ein selbstverständliches, das nur so zu organisieren sei, daß der Richter sich nicht als Vertreter der Anklage, sondern gegenüber dem subjektiven Staatsanwalt als objektive Behörde fühle. Und doch sollten alle, welche dem Beschuldigten im Vorverfahren wie in der Hauptverhandlung die richtige Stellung zu sichern bestrebt sind, sich endlich dahin einigen, daß zur Erreichung dieses Zieles nicht die in langen Erfahrungen als hierzu ungeeignet erfundene Institution des bisherigen Untersuchungsrichters, sondern andere Einrichtungen und Maßnahmen entsprechend auszugestalten sind.[1])

[1]) W. Kahl a. a. O. hält mit v. Liszt u. a. für rationell und notwendig, dafs die Reform des Strafrechts der Reform des Strafverfahrens vorausgehe,

Die sorgfältigste Anpassung aller Einrichtungen an den zu erreichenden Zweck muß auch hier der leitende und gestaltende Gedanke sein, genau so wie überall. Das klingt sehr einfach und selbstverständlich. Aber nirgends begegnen solche Schwierigkeiten als bei der Durchführung dieses Gedankens. Vor allem besteht meistens große Abneigung, neue in seinem Sinn gestellte Aufgaben überhaupt in Angriff zu nehmen.

Ich hatte in den Grundlinien S. 109ff. darauf hingewiesen, wie unsere Übung, Entschädigungsfeststellungen in dem gewöhnlichen, für alle Streitigkeiten gleichen Verfahren zu erledigen, unpraktisch und unzweckmäßig sei, da es sich hier um ein arbitrium boni viri handle, dessen Vorbereitung und Abgabe sich von den eigentlichen richterlichen Urteilen erheblich unterscheide. Auch hatte ich auf einen anscheinend wohlgelungenen Hamburger Versuch hingewiesen, wenigstens in den der Landesgesetzgebung freigegebenen Enteignungsprozessen eine Besserung durch Zuziehung von Laien herbeizuführen. Trotzdem ist meines Wissens bislang noch niemand dieser Anregung näher getreten. Und doch bildet die Zuziehung von Laien eins der beliebtesten Mittel zur Hebung der Justiz. Während sie aber als allgemein durchgeführte Maßregel in Zivilsachen kaum empfehlenswert sein möchte, scheint mir gerade für die Feststellung von Entschädigungen die Mitwirkung kundiger, sorgsam ausgewählter Laien ein sehr glücklicher und fruchtbarer Gedanke. Ich empfehle ihn daher nochmals der Erwägung.

Wie aber auch diese und andere einzelne Abschnitte, wie überhaupt Hauptverhandlung und Vorverfahren in Straf- und Zivilprozeß gestaltet sein mögen, in allen ihren Stadien und ebenso auch bei allen Verhandlungen der freiwilligen Gerichtsbarkeit steht obenan die Forderung strengster Vermeidung unnützen d. h. vermeidbaren Schreibwerks. Stein a. a. O. S. 83 und Tourneau (Abg.-H. 1907

---

verneint jedoch nicht die Möglichkeit der Auffindung eines alsbald zu beschreitenden Mittelwegs, der zu einer teilweise vorgreifenden Reform des Strafprozesses führe (S. 19).

S. 785) weisen auf die Verwendung von Gummistempeln und Formularen hin und Amtsrichter Sontag (DJZ. 1906 S. 1238ff.) macht eine ganze Anzahl beachtenswerter Vorschläge „zur Reform der Technik der Justiz".[1]) Es wäre aber zu wünschen, daß man gerade auf diesem Gebiete, wo die Gewöhnung und Übung nicht nur die Durchführung, sondern auch die Erfindung von Reformen sehr erschweren, nicht auf die Benutzung der Erfahrungen und Einrichtungen anderer Völker verzichten möchte, die ein glücklicheres Geschick vor dem Schreib- und Arten-Unwesen bewahrt hat.

3. Mit einem rationell gestalteten Verfahren steht eine rationelle Teilung der Arbeit in engstem Zusammenhang. Und wie unsere ganze heutige Volkswirtschaft auf der Grundlage dieses Gedankens beruht, wie alle großen wirtschaftlichen Organisationen von ihm getragen und erfüllt sind, so muß auch eine gedeihliche, zugleich sparsame und wirksame Gestaltung des Justizdienstes sich ganz von ihm durchdringen lassen.[2])

Keine meiner Forderungen ist so sehr allgemeinem Beifall begegnet als die Forderung weitgehendster Entlastung der kostbaren und in hervorragender Güte seltenen richterlichen Arbeitskraft. Ihre Erfüllung dient zugleich dem Richter und den ihm untergeordneten Beamten. Denn jede Zuweisung bisher richterlicher, aber zur Erledigung durch einen dieser Beamten wohl geeigneten Arbeit hebt Selbstgefühl und Arbeitsfreude des letzteren, während ihre Erledigung den Richter herabzog und drückte. Nur muß die Arbeitsteilung klar und bestimmt sein. Denn sonst werden die Grenzen der

---

[1]) Er meint S. 1242, dafs bei Einführung seiner Vorschläge die jetzt vorhandenen 5000 Richter an den Amts- und Landgerichten Preufsens das Doppelte ihres bisherigen Pensums erledigen könnten. — Briefliche Äufserungen sowohl von erfahrenen Amtsrichtern als von hervorragenden Richtern an höheren Gerichten bestätigen die Möglichkeit sehr weitgehender Entlastung.

[2]) Sontag a. a. O. verweist auf das Geschäftsprinzip der grofsen Handels- und Industrie-Unternehmen, „jede Arbeit, die sie durch eine billiger bezahlte Kraft leisten können, nicht durch eine teuer bezahlte machen zu lassen".

jedem obliegenden Verantwortlichkeit undeutlich und verschwommen, und nichts hindert so sehr die schnelle und präzise Erledigung der Geschäfte und die Bewältigung der jedem obliegenden Arbeit als Unklarheiten in ihrer Verteilung. Ob der allseitig begrüßte Ministerial-Erlaß vom 25. April 1906, der innerhalb der jetzt geltenden Bestimmungen solche Entlastung regelt, diesen Anforderungen in allen Beziehungen entspricht, lasse ich dahingestellt. Jedenfalls aber habe ich aus manchen Äußerungen, in denen die geforderte richterliche Entlastung als durch diesen Erlaß im wesentlichen als erledigt bezeichnet wird, leider ersehen, wie genügsam man trotz lebhafter Zustimmung zu dem Gedanken der Entlastung in bezug auf seine Durchführung ist. Höchst erfreulich ist daher die Energie, mit der Stein (S. 79) und viele andere, insbesondere Sontag a. a. O., Winter S. 33, 36, Niedner S. 14 und Heilfron (im Recht 1906 S. 417) eingreifende gesetzliche Änderungen fordern, um dem Richter die ihm jetzt obliegenden Arbeiten in vollem Umfange insoweit abzunehmen, als sie auch von den ihm untergeordneten Beamten, seien dies Bureaubeamte oder auch Assessoren, erledigt werden können. Bei den neuen Prozeßordnungs-Entwürfen wird besonders genau zu prüfen sein, inwieweit sie diesen Anforderungen entsprechen.

Sontag will durch eine Reihe einzelner Vorschläge den Idealzustand herstellen, daß der Prozeßrichter so gut wie gar kein Dezernat behalten, sondern nur Finder und Sprecher des Rechtes ist. Alle übrige Arbeit haben Bureaubeamte unter ihrer Verantwortung zu erledigen.

Stein (S. 79) will ähnlich wie Winter den Richter namentlich von der Kostenfestsetzung, vom Erlaß von Zahlungs-, Vollstreckungs- und Strafbefehlen, sowie von der ganzen Mitwirkung in der Strafvollstreckung, ferner vom Erlaß von Versäumnis- und Anerkenntnis-Urteilen entlasten, immer unter dem Vorbehalt, daß in Zweifelsfällen der Richter zu fragen ist. Dagegen „würde er nicht raten“, dem Richter die Urteilsabfassung abzunehmen (S. 81).

Als ich (Grundlinien S. 121—124) eine Entlastung des

Richters gerade in dieser Beziehung empfahl, war ich mir der Verwegenheit dieses Vorschlages, der mit den liebsten Gewöhnungen vieler gebrochen haben wollte, wohl bewußt. Ich war daher freudig überrascht, nach und nach die Zustimmung hervorragender und angesehener Praktiker zu finden. Insbesondere erklärte OLGPräs. Dr. Holtgreven a. a. O. S. 13, 15 sein Einverständnis, ebenso OLGR. Niedner (a. a. O. S. 15—19), der zugleich das Verständnis durch eingehende sachliche Erörterung förderte. Zwar fürchtet er, daß die Zeit zu dieser Reform noch nicht reif sei. Allein ich hoffe, daß die Widerstände abnehmen, sobald erst in weiteren Kreisen erkannt sein wird, wie wichtig gerade diese Entlastung ist, um den Richter für andere, der Rechtspflege in höherem Grade förderliche Arbeit frei zu machen.[1]) Inzwischen hat auch LGDir. Röchling (Abg.-H. S. 793ff.) dem Gedanken für einfache Sachen mit dem Bemerken zugestimmt, daß bei Schiedsgerichten in Invalidensachen die Abfassung der Urteile durch Bureaubeamte längst bewährt sei. Den neuen Schöffengerichten will er zur Abfassung der Urteile einen Assessor beigegeben haben. Der Abg. Tourneau, welcher zugleich beklagt, daß dem Vernehmen nach viele und sorgsam abgefaßte Urteile für die Beförderung von ungerechtfertigt großer Bedeutung seien, findet wenigstens die vielfach übliche Länge der Urteile, namentlich der Schöffengerichts-Urteile ganz unnötig. Wenn sie nur die notwendigste Begründung enthielten, genüge das. (S. 785.)

Ich kann mich im ganzen des Eindruckes nicht erwehren, daß man der Aufgabe mündlicher Verkündung der Gründe zu kleingläubig und zu ängstlich gegenübersteht. Auch unterschätzt man den Segen, den eine Erziehung zur Beherrschung des freien Wortes im Gefolge haben würde. Für die Beurteilung richterlicher Tüchtigkeit wäre insbesondere in mündlich verkündeten Urteilen ein dem juristischen Publikum zugänglicher und deshalb wertvollerer

---

[1]) Auch Winter S. 27, 33, 34 beklagt den ganz unverhältnismäfsigen Zeit- und Kraftaufwand und verlangt weitgehende Vereinfachung der Urteile. Ebenso LGR. Oppler in „Gesetz und Recht“ 1907 S. 128, 129.

Anhalt gegeben, als die in den Akten steckenden nachträglich ausgearbeiteten Entscheidungsgründe bieten können. Ein Zwang zu mündlicher Verkündung würde sicher schlafende Kräfte in ungeahnter Fülle wachrufen, wie es denn hier in Frankfurt nie an glänzenden Beispielen der Urteilsverkündung in mündlicher Rede gefehlt hat. Und wenn nun die so verkündeten Gründe stenographiert und vom Richter kontrolliert und wie bisher veröffentlicht werden, wird auch Stein fernerhin die reiche Belehrung finden, welche er bisher aus den Entscheidungsgründen der Mittelgerichte gezogen hat[1]) (S. 61). Aber der Tatbestand?!

Was zunächst den Zivilprozeß anlangt, so war ein obligatorischer Tatbestand sowohl dem früheren gemeinen, als dem rheinischen und bayrischen Recht fremd. Die ZPrO. von 1877 hat ihn nach hannoverschem und preußischem Muster eingeführt und das Reichsgericht seine Umfänglichkeit und Ausdehnung festgelegt, indem es nur ausnahmsweise eine Bezugnahme auf die Schriftsätze und lediglich auf bestimmte einzelne Sätze derselben für zulässig erklärte. Gegen diese Bestimmungen erhob sich in bezug auf den Anwaltsprozeß bald scharfe Opposition: kein Geringerer als O. Bähr eröffnete sie. Andere traten ihm bei, namentlich der KGR. Dr. Kronecker, welcher in der Deutschen Juristen-Zeitung 1897, S. 174—177 eingehend die für den Tatbestand angeführten Gründe erörterte und widerlegte. Er nennt ihn einen Teil des vielen überflüssigen Schreibwerks, an welchem unsere Rechtspflege leide und schätzt die den Landrichtern und Oberlandesgerichtsräten dadurch aufgebürdete Arbeitslast auf vielleicht $^1/_8$ ihrer gesamten Tätigkeit in Zivilsachen, von der Kanzleiarbeit und den für die Parteien entstehenden Kosten und Verzögerungen nicht zu reden. Neuerdings haben Senatspräsident Pütter in der Deutschen Juristen-Zeitung 1906, S. 1137 und mit lebhaften Worten („ganz ungeheuer-

[1]) Mifsverständnisse fehlen auch hier nicht. So spricht Stein einmal von einem sic volo sic jubeo der Richter, wenn sie nicht selbst die Urteile schriftlich auszuarbeiten hätten!

liche Schreibarbeit“) OLGR. Niedner, S. 19 die Abschaffung des Tatbestandes gefordert, während Hamm a.a.O. ihn allerdings für den Fall der Einlegung eines Rechtsmittels für unentbehrlich hält. Es ist wohl selbstverständlich, daß der Tatbestand auch eine Anzahl guter Seiten haben muß: sonst würden ja nicht so viele tüchtige Praktiker und Theoretiker an ihm festhalten. Aber auch hier gilt, was ich in den Grundlinien S. 12 sagte: erforderlich ist die „zielbewußte Energie, welche in dem Bewußtsein, daß man nicht das Verschiedenste und Widersprechendste zugleich tun kann, die Entschlußfähigkeit hat, kleine Gesichtspunkte größeren Gesichtspunkten unterzuordnen und minder Wichtiges den Dingen von entscheidender Bedeutung zu opfern.“ Entscheidend für den Erfolg reformatorischer Tätigkeit ist aber vor allem die vorherige oder gleichzeitige Entlastung des Richters von aller nicht unbedingt von ihm persönlich zu leistenden Arbeit. Und da erfahrene Männer versichern, daß in bezug auf den Tatbestand eine solche Entlastung möglich sei, da ferner viele deutsche Rechtsgebiete bis 1879 ohne den obligatorischen Tatbestand ausgekommen sind, so haben hier gegenüber den am Bestehenden hängenden Zweiflern die großen Interessen einer gesunden Justizpolitik den Ausschlag zu geben. Den Technikern des Prozeßwesens aber ist der bestimmte Auftrag zu erteilen, die etwa notwendigen Ersatzeinrichtungen in Vorschlag zu bringen. Die befriedigende Erledigung des Auftrages ist nicht zweifelhaft, wenn man nur die richtigen Männer, d. h. überzeugte und erfahrene Reformfreunde damit betraut.

Dies alles gilt in erster Linie für den Anwaltsprozeß, in dem die Anwälte vor allem selbst dafür zu sorgen haben, daß die tatsächlichen Streitpunkte für die erste Instanz wie für höhere Instanzen und spätere Streitfälle in der gesetzlich vorzuschreibenden Weise klargestellt werden.

Bei dem ohne Anwälte geführten amtsgerichtlichen Zivilprozeß kommen wesentlich andere Gesichtspunkte in Betracht, namentlich die der Einfachheit, Schleunigkeit und Billigkeit. Hiernach sind auch die an amtsgerichtliche Urteile zu stellenden Anforderungen zu bemessen. Ähnliche Gesichtspunkte gelten für die in Strafsachen ergehenden amtsgerichtlichen, sowie für die schöffengerichtlichen Urteile. Die Zulassung der Berufung, in deren Verfolg eine völlig neue zweite Verhandlung erfolgt, wirkt — wie auch Tourneau a. a. O. bemerkt — hier erleichternd und vereinfachend auch auf das erstinstanzliche Urteil zurück, und bei energischem Wollen können, soweit nötig durch Zuziehung eines Assessors nach den Vorschlägen von Holtgreven und Röchling, dem Richter zeitraubende Schreibarbeiten auch hier durchaus erspart werden. KGR. Havenstein (Der Tag. 6. 12. 1905) nannte die jetzige Organisation der strafrechtlichen Arbeit eine Herabwürdigung des Richters zur Schreibmaschine!

So bietet sich ein reiches Feld der Betätigung, wenn praktisch erfahrene, mit dem Blick für das Wesentliche begabte Männer die Vorschriften über den notwendigen Inhalt eines Urteils und dessen Abfassung vom Gesichtspunkt möglichster Entlastung des Richters ausgehend einer durchgreifenden Revision unterziehen und zwischen dem Richter, den ihm zugeteilten Beamten und den Anwälten eine rationelle Arbeitsteilung in die Wege leiten.

Auch zwischen Richter und Anwalt! Denn der Anwaltszwang und überhaupt die Zuziehung von Anwälten soll doch vor allem auch dafür Bürgschaft geben, daß dem Richter alle Streitpunkte klar und umfassend vorgetragen werden. Ihre schriftliche Festlegung in den beiderseitigen Schriftsätzen — und falls in der mündlichen Verhandlung etwa abweichende oder ergänzende neue Behauptungen aufgestellt werden — in den beiderseitigen Nachträgen geht sicher nicht über die Kraft der Anwälte und sollte ihnen daher zur Pflicht gemacht werden. Und zwar ist diese Auflage zweifellos zulässig und durchführbar, auch wenn in der Ordnung der Anwaltsverhältnisse keinerlei Änderung vorgenommen wird.

Endlich ist auch zwischen Richter, Staatsanwaltschaft und Polizei eine rationelle und wirksame Arbeitsteilung zu schaffen, die zugleich eine planmäßige und erfolgreiche Zusammenarbeit sichert. Die große, fundamentale Bedeutung der Polizei für das Strafverfahren und die Notwendigkeit der Schaffung kriminalpolizeilich geschulter Polizeiorgane ist neuerdings mit gutem Grunde namentlich von Weidlich und Aschrott betont. Auch ist ja bereits praktisch manche Verbesserung in bezug auf verbesserte Vorbildung eingeführt oder eingeleitet.

4. Von weittragender Bedeutung ist endlich eine rationelle Organisation der Rechtsmittel.

Wir haben in Deutschland jahrhundertelang ein Rechtsmittelverfahren gehabt, das nur noch eine Karrikatur war, und auch jetzt sind Bestrebungen im Gang, welche in der Häufung von Instanzen das Heil und sichere Garantien für eine gute Justiz sehen wollen. Um so sorgsamer muß Prüfung und Aufsuchung der wahrhaft rationellen maßgebenden Gesichtspunkte sein.[1])

---

[1]) Die oberen Gerichte selbst haben hier auch grofse Aufgaben. In den sehr beachtenswerten „Briefen eines bayrischen Richters" in der Allg. Zeitg. (Beilage vom 26. Oktober 1906) wird mit gutem Grunde beklagt, dafs die Autorität der unteren Instanzen von den oberen nicht immer vorsichtig genug geschont werde. „Der Grundsatz, dafs eine Entscheidung der ersten Instanz nur dann aufgehoben werden soll, wenn das unbedingt notwendig sei, findet oft recht wenig Beachtung. Ich habe vor kurzem ein Urteil gelesen, das eine in der ersten Instanz auf neun Mark festgesetzte Strafe auf sechs Mark ermäfsigte, ohne dafs irgendein zwingender Grund hierfür vorlag; welch eine Mifsachtung der ersten Instanz liegt in solcher Willkür. Dazu kommt die Neigung der höheren Gerichte in der Begründung ihrer Urteile . . . auch an der ersten Instanz aufsichtliche Kritik zu üben." Jedes erste Urteil sei doch eine Tatsache, es werde aber hierauf viel zu wenig Gewicht gelegt. — Auch OLGR. Niedner a. a. O. S. 9 meint, dafs die Entscheidungen des höheren Richters wohl nicht selten von dem menschlichen und nur allzumenschlichen Gefühl des Besserwissens beeinflufst werden. — RGR. Henderichs S. 190 will die Abänderung eines amtsgerichtlichen Urteils nur bei Einstimmigkeit des Landgerichts zulassen, da im Fall einer Meinungsverschiedenheit unter Zuzählung der amtsrichterlichen Stimme für und wider Stimmengleichheit besteht und die Rücksicht auf die Gleichmäfsigkeit und die Autorität der Rechtsprechung die Aufrechterhaltung des Urteils gebieten mufs. — Aus ähnlichen Gründen hatte ich in den „Grundlinien" S. 140 die Besetzung der Berufungsinstanz mit 2 Richtern empfohlen. Vgl. Abschn. 3.

In bezug auf die Strafrechtspflege ist es ein allgemein anerkannter kriminalistischer Grundsatz, daß die Strafe die wirksamste ist, die der Tat am schnellsten auf dem Fuße folgt. Es wird also vor allem darauf zu sehen sein, daß dieser Grundsatz auch bei Anrufung höherer Instanzen soweit irgend möglich, aufrecht erhalten wird. (Vgl. Spahn in Grundlinien S. 130.)

Zu Unrecht hat man gemeint, ich wolle in Strafsachen die Berufung einengen. Das ist ein Mißverständnis: ich beklage zwar die in vergangenen Zeiten in unserm Volke großgezogene Neigung fortgesetzter Anrufung höherer Instanzen, aber ich sehe zurzeit keine Möglichkeit, eine vom Vertrauen getragene Justiz zu bewahren oder zu gewinnen, ohne Aufrechterhaltung oder Einführung der Berufung gegen alle Urteile außer denen der Schwurgerichte.

Die Schwierigkeiten einer Berufung bei einem auf dem Grundsatz der Mündlichkeit aufgebauten Strafverfahren werden zwar gewöhnlich, namentlich von Laien sehr unterschätzt. In den Protokollen der StrPrK. Bd. I S. 442, 443 sind kurz die Versuche zusammengestellt, welche die deutschen Partikularstaaten nach Einführung der Mündlichkeit mit der Berufung gemacht haben: eine Gruppe (Oldenburg, Braunschweig, Waldeck) hatte sie als mit dem mündlichen Prozeß nicht vereinbar, ganz beseitigt, eine andere Gruppe (Sachsen, Baden, Hamburg) hatte sie für mittlere und schwere Strafsachen beseitigt und nur gegen Urteile der niedrigsten Ordnung zugelassen, Preußen und Anhalt hatten die Zulässigkeit der Rechtsmittel vom Vorbringen neuer Tatsachen oder Beweismittel abhängig gemacht und Bayern, Hessen, Thüringen, Bremen und Lübeck sich dem französischen Recht angeschlossen, nach welchem regelmäßig das Berufungsgericht nur auf Grund der Arten erkennt.

Die nunmehr — ohne Beschränkung auf neue Tatsachen oder Beweismittel — vorgesehene Berufung in mittleren Strafsachen, durch welche ein zweites mündliches Verfahren eröffnet wird, ist somit etwas völlig Neues, in diesem Umfang weder in Deutschland noch Frankreich Erprobtes.

Bei dieser Sachlage muß wenigstens alles geschehen, um einerseits dem eben erwähnten Grundsatz schneller Bestrafung trotz der Verzögerung durch ein solches Verfahren gerecht zu werden und andererseits auch diese 2. Instanz dem Grundgedanken: Gewährung einer zweiten mündlichen Verhandlung entsprechend zu gestalten.

In erster Beziehung ist zu fordern, daß eine Rückwirkung der neuen zweiten auf die erste Instanz insofern eintritt, als das Verfahren der letzteren tunlichst zu vereinfachen und zu beschleunigen ist, namentlich auch die Ansprüche an Inhalt und Umfang des Urteils möglichst einzuschränken sind. Ist der Beschuldigte zu Recht verurteilt, genügt die knappste Begründung, ficht er aber das Urteil an, so erfolgt eben doch eine völlig neue Verhandlung. (Tourneau, oben S. 37.)

Aus dem Grundgedanken einer zweiten neuen Verhandlung folgt nun aber, wie Aschrott S. 26, 27 mit Recht ausgeführt hat, mit Notwendigkeit die Beseitigung des für ganz andere Verhältnisse aufgestellten Verbotes der reformatio in pejus: das Berufungsgericht muß auch in der Zumessung der Strafe auf Grund des neuen Verfahrens ebenso frei sein wie in allen übrigen Dingen.

Die bisherige Aufrechterhaltung des Verbotes mag bei der Beschränkung der Berufung auf kleine Straffälle unbedenklich gewesen sein: bei der Zulassung der Berufung bei allen nicht schwurgerichtlichen Sachen verlangen Konsequenz und Zweckmäßigkeit gleichmäßig die Beseitigung des Verbotes in allen Fällen, in denen die Berufung nicht nur eine Anfechtung in jure enthält, sondern ein zweites neues Verfahren verlangt. Es würde eine Lahmlegung des Prinzips der Mündlichkeit und eine unzulässige Einschränkung der Berufungsrichter sein, wenn letztere nicht entsprechend den Ergebnissen der neuen Hauptverhandlung erkennen dürften. Diese volle richterliche Freiheit, welche auf die Neigung zur Erhebung der Berufung immerhin etwas zurückhaltend einwirken wird,[1]) ist um so notwendiger, als die zweite mündliche Hauptverhandlung in vielen Fällen nur eine verschlechterte Auflage der ersten sein kann (vgl. Protokolle der StrPrK. I, S. 444 ff.) und daher Sorge zu tragen ist, daß sie nicht ohne ernstlichen Anlaß herbeigeführt wird. Wer die zweite Verhandlung will, muß auch das mit ihr verbundene Risiko tragen. Zugleich wird auch eine Verpflichtung zum Ersatz aller verursachten Kosten für denjenigen festgelegt werden müssen, welcher ihm schon vor der ersten Verhandlung bekannte Tatsachen oder Beweismittel trotzdem erst für die zweite verwertet. Erfahrene Anwälte haben mir versichert, daß bei uns in vielen Fällen die Parteien zunächst mit ihrer Auskunft ohne eigentlichen Grund zurückhalten und dadurch eine rechtzeitige umfassende Information des Anwalts unmöglich machen. Die gesetzlichen Einrichtungen dürfen aber solche Hinterhaltigkeit nicht befördern, sollen vielmehr zu besseren Sitten zu erziehen suchen.

Noch ein anderes aber ist bei dieser Erweiterung der Berufung ins Auge zu fassen, was von der StrPrKomm. und auch von andern Seiten meines Wissens bisher noch nicht berührt ist: die Einwirkung der Berufung auf die Revision. Die übergroße Mitgliederzahl des Reichsgerichts bildet bekanntlich (Grundlinien S. 15, 17) eine der schwersten Sorgen, und die Revisionen gegen Strafkammersachen beschäftigen bisher vier Senate. Die Revision war bisher das einzige, an sich beschränkte Rechtsmittel. Nun soll zur Erhöhung des Rechtsschutzes eine Berufung in der denkbar weitesten Ausdehnung zugelassen werden. Ist es da nicht ein naheliegender und durch die dauernde Not-

---

[1]) Daſs die Einlegung von Rechtsmitteln bei uns überhaupt zu leicht gemacht ist und deshalb miſsbraucht wird, ist vielseitig anerkannt. In den schon erwähnten „Briefen eines bayrischen Richters" in der Beilage zur Allg. Zeitung (26. Oktober 1906) ist mit Recht betont, daſs die Einlegung für den in erster Instanz Unterlegenen fast nur Vorteile und kein Risiko bringe. Mindestens sei doch in der Regel die Vollstreckung hinausgeschoben. Geiger a. a. O. fordert daher zur Beseitigung der Ausstandsprozesse zahlungsunfähiger Schuldner bei gewissen Schuldklagen Hinterlegung der Urteilsumme bei Einlegung der Berufung.

lage des Reichsgerichtes gebotener Gedanke, seine Tätigkeit in Strafsachen seiner eigentlichen Aufgabe entsprechend ausschließlich auf die Wahrung der Rechtseinheit zu beschränken und eine darüber hinausgehende Kritik der Rechtsanwendung in den Berufungsgerichten auszuschließen? und ist eine solche Beschränkung nicht namentlich dann völlig unbedenklich, wenn den in Abschnitt 3 näher zu entwickelnden Vorschlägen entsprechend die Berufungsinstanz in Zusammensetzung und Autorität den Oberlandesgerichten gleichgestellt wird?

Man wird vielleicht einwenden, daß diese Einschränkung der Zulässigkeit der Revision unnötig sei, da die Zahl der Revisionen bei Einführung der Berufung ohnedies erheblich zurückgehen würde. Es wird dies wohl zutreffen. Allein es kommt noch ein anderes in Betracht: die Fürsorge für eine möglichst schnelle Justiz und die tunlichste Vermeidung widersprechender Urteile und der bei Rückverweisungen unvermeidlichen nochmaligen Verhandlungen derselben Sache. Ich habe in den Grundlinien (S. 102, 130, 131) geschildert, wie schädlich ein solches System gehäufter Instanzen wirkt[1]) und muß daher nun fragen: verlangt das Interesse des Verurteilten wirklich eine dritte Instanz?

Ich muß dies mit aller Entschiedenheit verneinen. Denn indem, weitverbreitetem Verlangen entsprechend, die bisher beschränkte zweite Instanz zu einer unbeschränkten mit völlig neuer zweiter Verhandlung erweitert werden soll, ist dem Verlangen nach verstärktem Rechtsschutz entsprochen; daß aber nun auch noch eine dritte Instanz zugunsten des Angeklagten und natürlich auch des Staatsanwaltes nötig sein soll, dafür ist bislang meines Wissens ein Bedürfnis nicht einmal behauptet.[2])

---

[1]) Niedner S. 24 bestätigt die Schädigung des richterlichen Ansehens infolge des heutigen Systems.

[2]) Stein S. 86, der an sich ein Freund der Berufung ist, aber doch eine gewisse Übertreibung in unserm Rechtsmittelwesen zugibt und die möglichste Einschränkung zur Erwägung stellt, sagt von dem Verlangen nach der Berufung in Strafsachen: Man will nicht ein Rechtsmittel mehr, sondern ein anderes.

Über die zweite Instanz hinaus kann vielmehr nur ein Bedürfnis anerkannt werden: die Wahrung der Rechtseinheit. Ihr und nur ihr zu dienen, ist daher die Aufgabe, der die juristische Konstruktion dieser neu zu gestaltenden Revision zu dienen hat (vgl. „Grundlinien" S. 31—34). Und auch bei solcher Begrenzung läßt sich, zumal wenn die Berufungsinstanz wie bisher nur mit Berufsrichtern besetzt und den Oberlandesgerichten gleichwertig gebildet wird, sehr wohl die Auffassung vertreten, daß die Revision bei duae conformes ausgeschlossen werden könnte und sollte, vorbehaltlich der im folgenden Satz empfohlenen Verpflichtung des Berufungsgerichts.

Die Einschränkung der Revision ist nämlich nicht das einzige, was im Interesse einer schnellen und autoritativen Justiz geschehen kann und muß. Ich hatte in den „Grundlinien" S. 110, 111 behufs tunlichster Vermeidung widerstreitender Entscheidungen angeregt, streitige Rechtsfragen vonseiten des unteren Gerichts ohne vorherige Entscheidung dem oberen vorzulegen. Zu meiner großen Freude hat sich Niedner S. 23, 24 dieser sonst kaum beachteten Anregung zustimmend angenommen und ihr zugleich durch Hinweis auf § 28 FGG. und in Anknüpfung an diese Bestimmung eine greifbare, unsern Verhältnissen angepaßte Gestalt gegeben. Das Berufungsgericht hätte sich hiernach einer Entscheidung enthalten und die Sache alsbald dem Reichsgericht vorzulegen:

a) wenn es von einer bereits in der gleichen Rechtsfrage ergangenen Entscheidung des Reichsgerichts abweichen will,
b) wenn ihm bei der Auslegung einer Gesetzesstelle (insbesondere mit Rücksicht auf bereits in der Literatur oder sonst hervorgetretene Zweifel) erhebliche Bedenken gegen die Richtigkeit der eigenen Auffassung aufstoßen oder wenn es sich um an sich zweifelhafte Fragen der Rechtsanwendung von grundsätzlicher Bedeutung, z. B. der Gültigkeit einer Polizeiverordnung,

der Stempelpflichtigkeit einer Urkunde, der Zulässigkeit des Rechtsweges und dergl. mehr handelt.

Dem Reichsgericht würde hierdurch zwar eine gewisse Mehrarbeit verursacht, allein sie würde durch verminderte Revisionen und die geringere Zahl aufgehobener Urteile überreichlich aufgewogen werden.

Selbstverständlich würden die hier vorgeschlagenen Vorschriften für die Revision und die Verhandlungen der landgerichtlichen Berufungsinstanz in mittleren Strafsachen auf die jetzt an die Oberlandesgerichte gehenden Revisionen gegen landgerichtliche Berufungsurteile in kleinen Strafsachen erheblich einwirken müssen, zumal wenn die im dritten Abschnitt zu entwickelnden Vorschläge über die landgerichtliche Organisation durchgeführt würden. Die Revision müßte dann auch in diesen Sachen an das Reichsgericht gehen, welches infolge der Entlastung in anderen Sachen zur Übernahme dieser, offensichtlich im Interesse der Rechtseinheit liegenden Mehrarbeit unbedenklich in der Lage sein würde. Die Einzelheiten kommen hier einstweilen nicht in Betracht.

Ganz anderer Art als die bisher erörterten strafrechtlichen Fragen, ist die einzige bei der Berufung im Zivilprozesse zur Verhandlung gestellte Frage: Die Beseitigung der Berufung bei Streitsachen unter 100 Mk. Justizrat Fuld-Mainz hat sie im „Recht" 1907 S. 38—40 bekämpft, ebenso Stein S. 89, welcher die Beseitigung höchstens bei Sachen unter 20 Mk. zulassen will, während die übrigen Schriftsteller, wie Hamm, Holtgreven, Winter, Niedner und auch die Nürnberger Anwaltskammer in ihrer S. 54 erwähnten Eingabe der Beseitigung der Berufung bis zu 100 Mk. zustimmen. RGR. Henderichs empfiehlt sogar eine Beschränkung bis zu 200—300 Mk.

Fuld bekämpft sie hauptsächlich im Interesse des kleinen Mannes, des Dienstmädchens und ähnlicher Leute, die den gleichen Rechtsschutz wie die reichen verlangen können. Die Einschränkung der Berufung sei daher unsozial. Stein (S. 75) wird zwar bei dem Schlagwort „sozial" immer etwas argwöhnisch und hat gegen eine

Erhöhung der amtsgerichtlichen Kompetenz nichts einzuwenden, da der Staat nach ökonomischen Grundsätzen zu handeln habe und kleine Sachen den Aufwand eines komplizierten Prozeßapparates nicht rechtfertigen. Allein eine Einschränkung der Berufung in Sachen über 20 Mk. hinaus, welche keine Bagatelle mehr für kleine Leute seien, lehnt er doch ab. Sie sei einer Betrachtungsweise der oberen 10000 entsprossen.

Ich glaube umgekehrt, daß — wenn man nur die Sache nicht von rein individualistischen, sondern vor allem von sozialen Gesichtspunkten aus ansieht — die Einschränkung gerade im Interesse der kleinen Leute liegt. Sie haben keine Zeit zur Prozeßführung, sind auf die Ausnutzung ihrer Arbeitskraft angewiesen, verlassen oft schnell den Ort wieder, wo eine Streitigkeit entstanden ist und fordern daher vor allem schleunigste Erledigung ihrer Angelegenheit. Die Zulassung der Berufung kommt nicht nur ihnen, sondern auch dem Gegner zugut, und dessen Berufung könnte eine glücklich erkämpfte günstige Entscheidung wieder in Frage stellen und das Ende auf lange hinausschieben. Ist das erste Urteil ungünstig ausgefallen, so ist das ein Unglück, das man ertragen muß, und ein anderer Ausfall in der zweiten Instanz ist unsicher. Der einzelne mag vielleicht im einzelnen Fall einmal bei zugelassener Berufung gewinnen; die arbeitende Klasse im ganzen gewinnt nicht durch Zulassung der Berufung. Und der Kampf ums Recht mit seiner Bindung von Zeit und Arbeitskraft ist im allgemeinen überhaupt nicht die Sache der Leute, denen freie Verwertung ihrer Arbeitskraft alles ist. Weil aber die, anderen Nationen so geläufige wirtschaftliche Vorstellung, daß Zeit Geld ist, unserem abstrakt geschulten Denken noch fremd ist, hängen wir in solchen Dingen noch vielfach einer jetzt weldfremd gewordenen Denkweise an, welche der Zeit entstammt, als der sein Recht suchende Bauer unendlich viel überflüssige Muße hatte.[1])

[1]) Mit diesen Gesichtspunkten ist natürlich ein Rechtsmittel durchaus vereinbar, welches — wie in Österreich und andern Ländern — bei gewissen groben Versehen oder Rechtsverletzungen eine Anfechtung gestattet.

Besonders interessant sind nach dieser Richtung neuerliche Vorgänge in Frankreich, wo am 12. Juli 1905 das in Abschnitt 3 näher zu besprechende Gesetz über die friedensgerichtliche Organisation erlassen worden ist. Fuld selbst bespricht dies Gesetz und berichtet mißbilligend, wie dadurch die Grenze der Inappellabilität friedensrichterlicher Urteile auf 300 Fr. hinaufgesetzt ist, während sie ursprünglich (1790) auf 50 Fr. und dann 1838 auf 100 Fr. festgelegt war.

Man sieht indessen, wie konsequent diese Entwicklung ist, die unmöglich gewesen wäre, wenn die Einschränkung der Berufung nicht einem wirklichen dauernden Bedürfnisse entsprochen hätte. Sie ist um so bemerkenswerter, als der französische Friedensrichter bekanntlich dem deutschen Amtsrichter keineswegs gleichwertig ist.

Vor allem aber: die Bewegung für Ausdehnung der friedensrichterlichen Zuständigkeit unter gleichzeitiger Einschränkung der Berufung ist in Frankreich gegenüber vielfachen Widerständen der mit der Rechtspflege in Verbindung stehenden besitzenden Klassen gerade von den entschieden links stehenden Parteien betrieben worden, denen man eine Fühlung mit den unteren Klassen wohl nicht absprechen wird. Und wie ich weiß, wundert man sich dort in diesen Kreisen über die bei uns noch vielfach ablehnende Haltung gegenüber solchen Reformen. Indessen ist doch auch wohl bei uns in jüngster Zeit eine Änderung der Anschauungsweise eingetreten, welche dem jetzt geplanten Vorgehen der Regierungen bessere Aussichten eröffnet (vgl. Grundlinien S. 137, 138).

Wenn aber — wie wohl wahrscheinlich — die Berufung zunächst nur bei Sachen bis 100 Mk. ausgeschlossen wird, entsteht die Frage, ob für Sachen von 100—300 Mk. die Berufung auch fernerhin im Anwaltsprozeß bei den Landgerichten verfolgt werden soll. Die Rücksicht auf eine möglichst einfache, billige und schleunige Erledigung, auch in zweiter Instanz, würde an sich den Wunsch nahe legen, irgendwie beim Amtsgericht selbst eine Berufungsinstanz zu schaffen. Bei der jetzigen Verfassung der Amtsgerichte ist dies allerdings ausgeschlossen; wenn aber, den in Abschnitt 3 zu entwickelnden Vorschlägen entsprechend eine gewisse Umgestaltung dieser Gerichte erfolgt, würde eine solche, den Bedürfnissen der kleinen Leute jedenfalls am besten gerecht werdende Einrichtung unschwer möglich sein.

Zum Schluß noch ein Blick auf das Verfahren vor den Berufungsgerichten![1])

Niedner (S. 4ff., 14) begründet die Notwendigkeit einer Herabsetzung der Richterzahl bei 5 Männer-Kollegien auf drei u. a. auch damit, daß die bisherige Einrichtung, wonach nur Präsident und Referent die Akten kennen und die andern Richter nur auf die mündliche Verhandlung und das Referat beschränkt seien, gerechten Anforderungen nicht genüge (vgl. oben S. 50). Alle Richter müßten gleichmäßig informiert sein, weshalb die Akten bei allen vorher zirkulieren müßten. Das sei aber bei 5 Richtern unausführbar.

Diese an sich für alle Kollegialgerichte zutreffende Bemerkung würde — wenn in erster Instanz künftig Einzelrichter entscheiden sollten — dann in Zivilsachen nur noch für die Berufungsgerichte gelten. Es fragt sich aber, ob das Zirkulieren der Akten die richtige, den modernen Bedürfnissen und Möglichkeiten entsprechende Form ist. Ich glaube nicht. Wie in beratenden Körperschaften jetzt die Drucklegung der Akten immer mehr zur Übung wird, so sollte meines Erachtens wenigstens in Zivilsachen der Druck der Aktenstücke und ihre Verteilung unter alle Richter gleichfalls obligatorisch gemacht werden. Die dadurch erwachsenden Kosten sind in den Kauf zu nehmen, weil dadurch die mündliche Verhandlung eine weit sicherere Grundlage erhält, eine vollkommenere Information aller Richter erreicht und somit die Sicherheit für eine sachgemäße Beratung und Entscheidung wesentlich erhöht wird. Freilich muß die Bearbeitung der Schriftstücke wohl eine andere werden als bisher. Allein die Wirkung der Drucklegung auf eine möglichst konzentrierte und übersichtliche Darstellung kann nur nützlich sein. Verwertbare Vorbilder gibt es genug in andern Ländern.

[1]) Vgl. Henderichs S. 190.

3. Die Gerichtsverfassung.

Bei der Entwicklung meiner „Grundlinien“ war ich gewissermaßen mit der Tür ins Haus gefallen: ich hatte die mir allmählich zur sicheren Überzeugung gewordene Auffassung, daß bei den oberen Gerichten der im Wege der Beamten-Karriere aufrückende richterliche Beamte — wie wir ihn jetzt kennen — aus der Beamten-Hierarchie auszuscheiden und durch einen nur zum Teil aus dem amtsrichterlichen Personal, zum andern Teil aus Anwälten und anderen befähigten und angesehenen Juristen zu entnehmenden Richter zu ersetzen, andrerseits das amtsrichterliche Personal in sich, durch Schaffung von Präsidenten — und Direktoren-Stellen zu gliedern sei, gleich zu Anfang ohne hinreichende Begründung, ja ohne umfassende Darlegung meiner Anschauungen und Vorschläge vorgetragen, im späteren Verlauf der Arbeit zwar namentlich bezüglich der amtsgerichtlichen Organisation diesen Vorschlag durch eingehendere Darlegung meiner Gedanken ergänzt, im ganzen indessen keine wirklich lebendige und greifbare Verkörperung meiner Ideen gegeben. Die höchst bedauerliche Folge waren Mißverständnisse über Mißverständnisse, auch bei denen, die meine Anregungen mit voller Sympathie aufgenommen hatten. Einzelne Teile meiner Vorschläge wurden von verschiedenen, zum Teil sehr beachtenswerten Seiten gut geheißen: im ganzen aber stand man den — wie man meinte: phantastischen — Vorschlägen zu Abänderungen der Gerichtsverfassung kopfschüttelnd, ratlos oder ablehnend gegenüber. Vor allem begriff man nicht, wie ein bisher als leidlich praktisch bekannter Verwaltungsbeamter, anscheinend aus blinder Leidenschaft für englische

Schönheiten, zu solchen unfruchtbaren Träumereien kommen und sie ernsthaft zur Verwirklichung in unserm guten deutschen Vaterlande vorschlagen konnte!

Durch Schaden klug geworden, werde ich jetzt eine andere, vorsichtigere Methode zur Klarlegung meiner Gedanken anwenden. Die Bekanntgabe einiger wichtiger Reformvorschläge von Seiten der Reichsjustizverwaltung gibt mir die Möglichkeit, an diese anzuknüpfen, und den Nachweis zu versuchen, daß diese Vorschläge, wenn sie auch in der zu billigenden Richtung liegen, für sich allein nicht geeignet sind, eine Besserung der Rechtspflege und eine Hebung des Vertrauens zur Justiz herbeizuführen, daß es vielmehr zur wirklichen Erreichung dieses Zieles und zur Beseitigung der vorhandenen Mängel und Übelstände weit erheblicherer und tiefer einschneidender Reformen bedarf.

Die aus Regierungskreisen heraus bisher bekannt gewordenen Reformvorschläge sind allerdings einstweilen noch nicht sehr umfassend und lassen viele sehr wichtige Fragen noch völlig offen.

Bezüglich des amtsgerichtlichen Verfahrens weiß man — abgesehen von dem schon besprochenen Ausschluß der Berufung bei Prozessen bis zu 100 Mk. — eigentlich nur, daß die Zuständigkeitsgrenze, soweit sie durch eine Summe gezogen ist, über 300 Mk. hinaus erhöht werden soll. Ein Teil der Regierungen, besonders süddeutscher, sei aber — so verlautet — nicht geneigt, über 6—800 Mk. hinauszugehen, während andere Regierungen die Grenze bis 1000 oder gar 1200 Mk. hinaufschieben möchten.

Was den Strafprozeß anlangt, so ist hier bisher — durch die Erklärung des Staatssekretärs des Reichsjustizamtes im Reichstage (Verh. v. 12./3. 1907, S. 421) — nur die Stellungnahme der preußischen Regierung bekannt geworden. Sie geht meist im Anschluß an die Beschlüsse der StrPrKom. dahin, daß in erster Instanz:

1. für die Übertretungen Amtsrichter ohne Zuziehung von Schöffen,
2. für Vergehen und leichtere Verbrechen, und zwar

in weiterem Umfange als zur Zeit nach der sogenannten lex Hagemann vom 5. Juni 1905 Rechtens ist, die bisherigen Schöffengerichte (ein Amtsrichter und zwei Schöffen) zuständig sein, und

3. für die schweren Straftaten — soweit sie nicht den bestehenden Schwurgerichten überwiesen werden — neue Schöffengerichte von noch nicht geregelter Verfassung gebildet werden sollen. Die von der StrPrKom. vorgeschlagene Besetzung mit drei Richtern und vier Schöffen ist abgelehnt, im übrigen aber (ob ein gelehrter Richter oder mehrere? ob zwei oder mehr Schöffen?) die Beschlußfassung vertagt.

Auch die Beschlüsse wegen der Gestaltung der gegen alle Urteile, mit Ausnahme nur der Schwurgerichts-Urteile, zugelassenen Berufung sind in den wesentlichsten Punkten noch unvollständig:

1. es ist noch unentschieden, ob die Berufung gegen amtsrichterliche Urteile an die bisherigen oder an die neuen Schöffengerichte gehen soll;
2. gegen Urteile der bisherigen wie der neuen Schöffengerichte soll die Berufungsinstanz bei den Landgerichten mit der Maßgabe gebildet werden, daß sowohl die Vereinigung mehrerer Landgerichte zu einer Berufungsinstanz, als auch der äußerliche Anschluß der letzteren an ein Oberlandesgericht — mit Rücksicht auf die in Bayern und anderen Bundesstaaten bestehenden kleinen Oberlandesgerichtsbezirke — zulässig sein soll. Über die Zusammensetzung der Berufungsinstanz, insbesondere ob sie nur aus Berufsrichtern bestehen oder ob auch Laien in irgendwelcher Zahl zugezogen werden sollen, ist auch hier die Beschlußfassung noch ausgesetzt.

Auch darüber verlautet nichts, ob die Revision gegen die Urteile dieser neuen Berufungsinstanz in demselben Umfange zulässig bleiben soll, wie sie gegenüber den jetzigen erstinstanzlichen Strafkammer-Urteilen besteht. Bei der vielbeklagten Überlastung des Reichsgerichtes bedarf aber auch diese Frage einer sehr ernstlichen Prüfung.

Im Reichstag selbst sind die Mitteilungen des Staatssekretärs im allgemeinen, vorbehaltlich der Prüfung der Vorlagen nach endgültiger Gestaltung, mit allseitiger Zustimmung zum Ersatz der Strafkammern durch Schöffengerichte und zur Einführung der Berufung gegen Urteile der letzteren aufgenommen; nur gegen die Verbindung der Berufungsinstanz mit den Landgerichten ist von Dr. Müller-Meiningen (S. 436) der Einwand wiederholt, der auch schon in der StrPrKom. I. S. 459—461 energisch betont ist: daß der Übergang an ein höheres Gericht in der Vorstellung des Volkes mit der Berufung untrennbar verbunden sei und daher „die Berufung an dasselbe Gericht eine unheilvolle Bestimmung wäre." Dagegen ist Dr. Varenhorst (S. 439), sowohl mit Rücksicht auf die Lebensfähigkeit der kleinen Landgerichte als aus sachlichen Gründen für die Verbindung der Berufungsinstanz mit den für alle Beteiligten günstiger gelegenen Landgerichten eingetreten. Abg. Storz (S. 448) verlangt, daß auch in der Berufungsinstanz Laien zugezogen werden sollen.

Größere Anfechtungen hat bisher schon die Ausdehnung der amtsgerichtlichen Zuständigkeit erfahren. Zwar nicht im Reichstag, wo Abg. Dr. Varenhorst (S. 439) trotz seiner Fürsorge für die kleinen Landgerichte der Ausdehnung ohne nähere Angabe zustimmt und Abg. Werner (S. 448) die Erweiterung bei Forderungsklagen bis auf 1000 Mk. als alte Forderung seiner, der deutschen Reformpartei bezeichnet; ebensowenig im Preuß. Abgeordnetenhause, wo die Abg. Röchling und Krause (S. 791 und 839) einer Erhöhung auf 1000 Mk., ersterer sogar auf eine höhere Summe zustimmen und nur der Abg. Cassel (S. 308) sich zweifelnd äußert; wohl aber in der 2. Kammer der Hessischen Landstände in den Sitzungen vom 12. März, in denen von mehreren Seiten heftige Gegnerschaft gegen die Erweiterung der Zuständigkeit laut geworden ist.

Vor allem aber sind starke Bedenken aus Anwaltskreisen erhoben, denen verschiedene Zeitungskorrespondenzen und vor allem eine Eingabe der Nürnberger Anwaltskammer[1]) an den Bayrischen Justizminister Ausdruck gegeben haben. Allerdings sind die Anwälte nicht einig, denn im Gegensatz zu den Landgerichts-Anwälten sind die bei den Amtsgerichten zugelassenen Anwälte natürlich an einer Erweiterung der amtsgerichtlichen Zuständigkeit interessiert, auch wenn der Anwaltszwang bei den Amtsgerichten nicht besteht.

Die gegen die Erweiterung vorgebrachten Gründe beruhen zum Teil auf der Vorstellung, daß die Verschiebung der Zuständigkeit allein oder doch vorzugsweise durch verwerfliche fiskalische Sparsamkeitsrücksichten veranlaßt sei; zum Teil gehen sie von der Befürchtung aus, daß die Beseitigung des Anwaltszwanges für Sachen bis 1000 M. die Anwaltschaft sehr schädigen und schwächen und damit auch einer guten Rechtspflege Abbruch tun, zudem auch das Unwesen der sog. Rechtskonsulenten fördern werde; zum Teil sind sie von der Sorge eingegeben, daß dadurch die kleinen Landgerichte und im Verfolg auch die kleinen Oberlandesgerichte, namentlich in Bayern, lebensunfähig gemacht würden. Vor allem aber wird eine wesentliche Verschlechterung der Rechtspflege, und zwar in der ersten wie zweiten Instanz behauptet, indem an Stelle der landgerichtlichen Kollegien Einzelrichter und an Stelle der oberlandesgerichtlichen Senate die landgerichtlichen Kammern treten. Es könne nicht wohl bestritten werden, daß die zurzeit zuständigen Gerichte an juristischem Wissen, zivilistischer Erfahrung und erworbenem Ansehen entschieden über den in Aussicht stehenden neuen Gerichten stehen und infolgedessen das Vertrauen in die Rechtspflege, das man doch heben wolle, einer schweren Erschütterung ausgesetzt werde.

Die zuerst wiedergegebenen Gründe wird man kaum für ausschlaggebend halten wollen: die „verwerflichen fiskalischen Absichten" sind aus den gleich zu entwickelnden Gesichtspunkten nur eine Einbildung; die deutsche, dem

[1]) Abgedruckt in Neumanns Juristischer Wochenschrift 1907 S. 93—96.

französischen Recht entnommene Ausgestaltung des Anwaltszwanges beruht überhaupt auf einer sehr anfechtbaren Überspannung des Begriffes, wie denn z. B. nach englischem Recht an sich jeder selbst auftreten kann und nur im Fall der Wahl eines Vertreters an den Solicitor und Barrister gebunden ist; überdies sind kundige und angesehene Anwälte, wie Dr. Gutfleisch-Gießen der Überzeugung, daß die Parteien auch ohne Zwang in allen nicht ganz einfachen Sachen doch Anwälte zuziehen würden; dem Unwesen der Rechtskonsulenten kann leicht durch die Bestimmung vorgebeugt werden, daß als berufsmäßige Vertreter nur Rechtsanwälte auftreten dürfen; die Erhaltung der Lebensfähigkeit der kleinen Land- und Oberlandesgerichte hängt endlich wohl kaum von dieser einen Verschiebung ab.

Dagegen ist die behauptete Verschlechterung der Rechtspflege infolge der verringerten Garantien in bezug auf die Besetzung der Gerichte meines Erachtens ein so ernster Vorwurf, daß sorgfältigste Prüfung geboten ist.

Um diese Prüfung zunächst in bezug auf die erste Instanz bei genügender Weite des Gesichtsfeldes vornehmen zu können, sind einige Bemerkungen allgemeiner Art unerläßlich.

Der jetzige österreichische Justizminister Dr. Klein, der geniale Schöpfer der bei uns oft mit Neid betrachteten österreichischen Zivilprozeßordnung hat in einem bekannten, auch für Laienkreise berechneten Vortrag[1]) in glänzender Darstellung darauf hingewiesen, wie gewaltig der volkswirtschaftliche Umschwung in den letzten Jahrzehnten auf die Anschauungen und die Bedürfnisse gewirkt und neue Anforderungen auch an das gerichtliche Verfahren gezeitigt hat.

Die Notwendigkeit einer tunlichst schnellen Erledigung wirtschaftlicher Streitigkeiten in einem einfachen, schnellen und billigen Verfahren — soweit nicht schwierige Rechtsfragen oder verwickelte tatsächliche Ver-

[1]) „Zeit- und Geistesströmungen im Prozesse“ im Jahrbuch der Gehe-Stiftung. Bd. 8 S. 56ff. (1902).

hältnisse eine langwierigere Prüfung erheischen — drängt sich überall, wo modernes Leben pulsiert, immer stärker hervor. Während aber schon der frühere partikularrechtliche Prozeß bei uns vielfach ein solches Verfahren für Bagatellsachen gekannt hatte, ist im jetzigen amtsgerichtlichen Prozeß diese Forderung des Tages unberücksichtigt geblieben. Die Folgen sind in dem stürmischen Verlangen nach Gewerbe- und Kaufmannsgerichten — wobei allerdings auch noch andere Gesichtspunkte mit in Betracht kamen — hervorgetreten. Die schon angeführten Äußerungen der Abg. Werner, Röchling und Krause zeigen, wie die bisherige Wertgrenze von 300 Mk. für einfachere Sache längst nicht mehr genügt.

Diese Bewegung nach schnellem und einfachem Rechtsgang beschränkt sich, weil auf allgemeinen modernen Bedürfnissen beruhend, natürlich nicht auf Deutschland, sondern tritt ebenso in den Nachbarländern vor. Die Einrichtung der englischen Grafschaftsgerichte im Jahre 1846 und die allmähliche Erhöhung ihrer Zuständigkeit bis auf 2000 Mk. ist — ebenso wie die Ausdehnung der summary jurisdiction auf dem Gebiete des Strafrechts — schon in den „Grundlinien" geschildert. Während aber in England, nachdem die Gerichte einmal geschaffen waren, die Ausdehnung der Zuständigkeit sich leicht und glatt vollzog, begegnen wir in Frankreich, dem vielgepriesenen Musterlande gerichtlicher Organisationen, eigenartigen Schwierigkeiten, welche Jahrzehnte hindurch jede Reform hindern und auch jetzt noch dem immer wieder betonten Bedürfnis nur in beschränktem Umfang Befriedigung gewährt haben. Es ist auch für uns lehrreich, diese französischen Reformbestrebungen und ihre Erfolge einer etwas eingehenderen Betrachtung zu unterziehen.

Das schon S. 49 genannte französische Gesetz vom 12. Juli 1905[1]) verändert die Stellung der Friedensrichter nach vier Richtungen hin. Es brachte:

---

[1]) J. Cruppi, Avocat à la Cour de Paris, ancien avocat général à la Cour de cassation; Loi du 12 Juillet 1905 sur la compétence et l'organisation des justices de paix. Commentaire doctrinal et pratique Paris 1906. 374 S.

1. Erhöhung der friedensrichterlichen Zuständigkeit, soweit sie von Ziffern abhängt, insbesondere in allen Forderungsklagen[1]) von 200 Fr. auf 600 Fr. — die 200 Fr. waren 1838 festgesetzt gegenüber 100 Fr. durch Gesetz von 1790 —;
2. Festsetzung erhöhter Gehälter;[2])
3. Sicherung gegen willkürliche Absetzung oder Verringerung des Gehaltes[3]) und
4. Festsetzung von Anstellungsbedingungen.

Alle diese Bestimmungen verfolgen einen Zweck: Erhöhung der friedensrichterlichen Stellung. Der Berichterstatter Mr. Cruppi erzählt, wie lange die Vorverhandlungen bis zum Erlaß des Gesetzes gedauert haben: Ein Antrag Floquet vom 18. Januar 1878 bildet Anfang und Grundlage: Zuständigkeit bis 1000 Fr.; ein Antrag Cazot vom 15. März 1881 erhöht letztere auf 1500 Fr. und sieht zugleich erhebliche Gehaltszulagen vor; dann nehmen verschiedene Justizminister die Sache auf, unter Einfügung von Anstellungsbedingungen, aber erst im Februar 1891 erfolgt eine erste Beratung in der Kammer, bei der die

[1]) Genauer: in allen actions purement personelles et mobilières. Über die Bedeutung dieser Worte vgl. Cruppi S. 27—30.

[2]) Die Friedensgerichte — abgesehen von Paris je eins in jedem Kanton — sind nach ihrer Bevölkerungsziffer in Klassen geteilt, welche für die Gehälter der Friedensrichter bestimmend sind. Hors classe sind die 22 in den 22 arrondissements von Paris mit 8000 Fr. angestellten Friedensrichter. Die erste Klasse bilden 96 Friedensrichter in Städten über 80000 Einwohner, in Versailles und den 21 Kantons des Departement der Seine (5000 Fr.), die vierte Klasse 2199 Friedensgerichte in Kantons unter 20000 Einwohner (2500 Fr.), dazwischen die dritte und vierte Klasse mit 145 und 400 Friedensgerichten (3500 und 3000 Fr.). Vor dem neuen Gesetz bestanden 9 Klassen, darunter die neunte mit 2653 Friedensgerichten zu 1800 Fr. Gehalt. Cruppi S. 249.

[3]) Art. 21 gibt ihm „une certaine espèce d'inamovibilité" Il ne peut être révoqué ni diminué de classe, que sur l'avis d'une commission nommée par le garde des sceaux et composée du procureur général à la Cour de cassation, de trois conseillers à la Cour de cassation et des trois directeurs au ministère de la justice et après avoir été entendu, s'il le demande. — Die Versetzung ohne Gehaltseinbufse kann der Justizminister auch jetzt noch nach freiem Ermessen verfügen.

Zuständigkeit in Forderungsklagen mit 277 gegen 228 Stimmen auf 1500 Fr. festgesetzt wird.

Es kam aber nicht zur zweiten Beratung. Nunmehr wurde 1896 der Senat durch Anträge mit der Angelegenheit befaßt und beschloß seinerseits eine Erhöhung der Zuständigkeit auf 600 Fr.; ohne jedoch an den Gehältern und Anstellungsbedingungen zu ändern. Die Kammer beschäftigte sich mit diesem Beschluß und neuen Anträgen ihrer Mitglieder 1898/99 und 1902/3. Ihre Kommission empfahl, um endlich zu Ende zu kommen, die Annahme der Senatsziffer von 600 Fr. unter Festhalten an Gehaltserhöhungen und Anstellungsbedingungen. Außerdem fügte sie 1903 Bestimmungen über Erhöhung der strafgerichtlichen Zuständigkeit hinzu, welche bislang nur Höchststrafen von 15 Fr. oder 5 Tagen Gefängnis gestattet.

Am 9. Februar 1904 beschloß die Kammer demgemäß und der Senat trat im März 1905 den Beschlüssen bei, jedoch unter Ausscheidung der Bestimmungen über die Erweiterung der strafrechtlichen Zuständigkeit[1]). Und so konnte nach erfolgter Zustimmung der Kammer am 12. Juli 1905 das Gesetz über Organisationund Zuständigkeit der Friedensgerichte erlassen werden.

Die Gründe dieser langwierigen Verhandlungen und immer wiederholten Verschiebungen sind in den parlamentarischen Debatten klar und bestimmt zutage getreten. Cruppi faßt sie (S. VII) kurz dahin zusammen: les uns critiquèrent amèrement le personnel, d'autres regrettaient que tant de tribunaux dussent devenir inutiles, und mit letzteren verbanden sich weitverzweigte Interessen (les intérêts particuliers, toujours bien armés dans la lutte contre l'intérêt public), welche die Tragweite der Reform möglichst einzuschränken suchten.

Bekanntlich sind in Frankreich in Zivilsachen die für jedes arrondissement im Hauptort desselben gebildeten Tribunaux de première instance die eigentlichen

---

[1]) Cruppi sagt S. VII: Le Sénat a „disjoint" (c'est un terme de nécropole dans le langage parlementaire) le chapitre de nos témérités sur la compétence pénale.

Träger der gesamten Gerichtsbarkeit, während die für jeden canton bestellten Friedensgerichte nur in den ihnen ausdrücklich überwiesenen Sachen zuständig sind. Daß dieser Schematismus: ein arrondissement = ein Gericht weit über das Bedürfnis hinaus Organe der Rechtspflege geschaffen hat, ist seit langem anerkannt.[1]) Nachdem schon 1836 von der Regierung ein neues Gerichtsverfassungsgesetz vorgelegt, aber infolge vielseitigen Widerspruches wieder zurückgezogen war, setzte nach der Februar-Revolution die neue Regierung schon am 2. März 1848 eine Kommission hervorragender Juristen zur Aufstellung eines neuen Entwurfes ein, der — von Crémieux ausgearbeitet — schon im Juli 1848 der konstituierenden National-Versammlung vorgelegt wurde und neben zahlreichen, sehr eingreifenden und sehr radikalen Änderungen,[2]) u. a. die Aufhebung der Arrondissements-Gerichte und an deren Stelle die Errichtung nur je eines Gerichtes in jedem Departement, d. h. 86 statt der bisherigen 361 Erstinstanzgerichte vorsah, unter gleichzeitiger Beseitigung von nicht weniger als neun Appellgerichten. Der Entwurf fand jedoch keine Zustimmung; ebensowenig führten die in Napoleonischer Zeit geführten Verhandlungen[3]) zu irgendwelchen Ergebnissen, so daß der alte Zustand auch jetzt noch unverändert geblieben ist. Inzwischen ist natürlich das Schwergewicht der an die Arrondissements-Gerichte geknüpften Interessen fortgesetzt weiter gewachsen, und um so weniger überwindbar gewesen, als die große Mehrzahl der Arrondissements-Gerichtsorte infolge geringer Bevölkerungszunahme eine Entschädigung durch neu entstandene Unternehmungen nicht finden könnte, so daß die Privatinteressen der an den

[1]) Das Folgende nach L. Frey, Frankreichs Zivil- und Kriminalverfassung. 2. Aufl. 1851. S. 351—353, 363—365.

[2]) Gegenüber dem von v. Lewinski a. a. O. S. 3 angeführten Ausspruch von Crémieux: „nous ne pouvons nous métamorphoser" ist dieser sehr radikale Entwurf von erhöhtem Interesse.

[3]) Le Comte de Franqueville (ancien avocat à la Cour de Paris, ancien maître des requêtes au conseil d'état). Le système judiciaire de la Grande Bretagne. 1893. Bd. II. S. 656.

Arrondissements-Gerichten angestellten oder zugelassenen Gerichtsschreiber (greffiers), Anwälte (avoués) und Gerichtsvollzieher (huissiers), welche ebenso wie die Notare ihre Ämter durch Kauf, oft zu hohen Summen, erworben haben, vielseitiger Vertretung sicher sind. In der Tat würde es der Billigkeit wenig entsprechen, wenn man die Zuständigkeit der Arrondissementsgerichte in wesentlichem Maße verringern und damit die Inanspruchnahme und den Wert jener Ämter erheblich herabdrücken wollte — ohne die äußerst schwierigen Fragen der Entschädigung zugleich in Erörterung zu ziehen. Man versteht daher wohl, warum der Senat Bedenken getragen hat, die Zuständigkeit, wie die Kammer wollte, über 600 Fr. hinaus auf 1500 Fr. zu erhöhen.

Die Persönlichkeiten der Friedensrichter, für welche Anstellungsbedingungen nicht vorgeschrieben waren und deren niedrige Gehälter wenig Anziehungskraft ausüben konnten, traten nun aber noch hindernd und erschwerend hinzu.

Nach der begeisterten Auffassung der Revolutionszeit, welche 1790 zum Ersatz für die abgeschafften Patrimonialgerichte (les justices seigneuriales) das Amt des Friedensrichters schuf, sollte jeder Bürger von Herz, Verstand und einiger Erfahrung dies Amt bekleiden können. Sein Inhaber sollte sein: „un père au milieu de ses enfants; il dit un mot et les injustices se réparent, les divisions s'éteignent, les plaintes cessent, ses constants efforts assurent le bonheur de tous“, so daß in der Folge „l'agriculture serait plus honorée, le séjour des champs plus honoré“.[1]) In der Folge hat man dem Amt so mancherlei und verschiedene Geschäfte auferlegt, daß juristische Bildung oder doch Routine immer mehr als notwendig erkannt wurde.[2]) Doch spielten auch politische Gesichtspunkte hinein. So wurden nach den Angaben von Cruppi (S. 224) zur Zeit der Juli-Monarchie vielfach große Grundbesitzer und andere Notabeln zu Friedensrichtern ernannt, die zugleich die Inter-

[1]) Cruppi a. a. O. S. 2, 3.

[2]) Der routinierte greffier hat daher oft eine grofse Bedeutung.

essen der Regierung vertraten, und unter Napoleon III. sanken die Friedensrichter sogar vollständig zu politischen Agenten herab, unter Diskreditierung des ganzen Amtes. Erst der Justizminister Dufaure unter Thiers untersagte durch Erlaß vom 15. Juni 1871 jede Einmischung in die Verwaltung oder Politik und verlangte strengste Beschränkung ihrer Tätigkeit auf die ihnen gesetzlich überwiesenen Obliegenheiten. Infolge der erfolgreichen Durchführung dieses Erlasses haben die Friedensrichter das allgemeine Vertrauen nach Cruppi S. 226, 251 wieder erworben, und die öffentliche Meinung verlangt nunmehr sowohl die Ausdehnung der Zuständigkeit als die Hebung der Stellung durch Gehaltserhöhung — damit das Amt nicht nur den Besitzenden, sondern auch den „enfants laborieux de la démocratie" zugänglich sei —, durch Sicherung der Stellung und gesetzliche Festlegung von Anstellungsbedingungen, welche bisher völlig fehlten.

Über diese letzteren waren Kammer und Senat anfänglich verschiedener Meinung. Während erstere ursprünglich mehrjähriges juristisches Studium und mehrjährige praktische Tätigkeit vorschreiben wollte, hielt der Senat daran fest, daß auch eine langjährige praktische Tätigkeit genüge. Und so läßt das Gesetz vom 12. Juli 1905 als Friedensrichter nicht nur diejenigen zu, welche nach dreijährigem juristischen Studium licenciés en droit geworden sind oder nach zweijährigem Studium das baccalauréat en droit oder le brevet de capacité auf Grund des Dekrets vom 14. Febr. 1905[1]) erlangt haben, vorausgesetzt, daß sie im ersteren Fall zwei Jahr bei einem avocat oder avoué oder Notar gearbeitet oder öffentliche Funktionen bekleidet haben, und im zweiten Fall drei Jahre lang bei einem avoué oder Notar gearbeitet oder öffentliche Funktionen bekleidet haben, sondern auch diejenigen, welche ohne juristisches Examen zehn Jahre lang gewisse öffentliche Stellen innegehabt haben, wie

---

[1]) Das Studium zur Erlangung dieses brevet ist nach rein praktischen Gesichtspunkten neu organisiert. Cruppi S. 327-336.

z. B. die Stellen eines maire oder Beigeordneten oder Generalrates, eines Präfekturrates, Notars, Gerichtsschreibers, Gerichtsvollziehers, ferner eines clerc d'avoué ou de notaire pouvant justifier de cinq ans d'exercice comme premier clerc dans une étude d'avoué ou de notaire de chef-lieu d'arrondissement.[1])

So also sieht der französische Friedensrichter[2]) aus, dessen Zuständigkeit das Gesetz vom 12. Juli 1905 in allen actions purement personelles ou mobilières von 200 Fr. auf 600 Fr. erhöht, während die Kammer — und zwar, was besonders hervorgehoben zu werden verdient, auf Betreiben der linksstehenden radikalen und unter dem Widerspruch der konservativen Parteien — sogar bis auf 1500 Fr. erhöhen wollte.

Wie stark muß also das Bedürfnis nach Erhöhung der friedensrichterlichen Zuständigkeit gewesen sein, wenn man diesem, nach unsern Anschauungen überwiegend subalternen Personal wesentlich erhöhte richterliche Befugnisse gab! Und wie ganz anders steht demgegenüber nach Vorbildung, Unabsetzbarkeit und Gehalt unser Amtsrichter, dessen Amt — le tribunal de bailliage — und dessen Zusammenwirken mit Schöffen, qui apportent au légiste le souffle populaire et reçoivent de lui la science du droit, daher auch mit Neid und Bewunderung von Cruppi (S. VI) als eine institution féconde bezeichnet wird!

In der Tat, das ist sie! Wenn man aber die Vorbildung und die Stellung der Amtsrichter mit ihrer jetzigen Zuständigkeit in Parallele stellt, so ist ein arges Mißverhältnis unverkennbar. Und man begreift, daß von manchen Seiten, z. B. Erwin Kruse (Richteramt und Advokatur. Leipzig, 1897, S. 58) für den Amtsrichter ein geringeres Maß von Vorbildung für ausreichend erklärt werden kann. Wollte man aber einer Herabminderung

---

[1]) Jeder Friedensrichter hat 2 Vertreter (suppléants), für welche auch künftighin keine Anstellungsbedingungen bestehen.

[2]) Auch anciens juges de paix können fernerhin Friedensrichter sein, überdies noch einige andere Kategorien von Personen, deren Aufzählung aber für meinen Zweck ohne Interesse ist.

seiner Anstellungsbedingungen, mit denen ja eine Herabminderung seiner Stellung unlöslich verbunden wäre, wirklich näher treten, so würde ein Schrei der Entrüstung jeden weiteren Schritt unmöglich machen. Man erinnere sich nur der lebhaften Proteste, welche schon der Mügel'sche Vorschlag einer verschiedenartigen Ausbildung der Land- und Amtsgerichtsreferendare im Preuß. Abg.-Hause[1]) hervorgerufen hat!

Der einzig mögliche Weg zum Ausgleich jenes Mißverhältnisses führt nach der gerade entgegengesetzten Seite, nicht rückwärts, sondern vorwärts und aufwärts: die Leistungsfähigkeit des Amtsrichters muß, wie LGDir. Röchling mit Recht im Abg.-Hause (Verh. 15. Febr. 1907, S. 791) gefordert hat, besser und energischer ausgenutzt, d. h. seine Zuständigkeit erhöht werden.

Der Vorschlag der Regierungen in betreff der Erweiterung der Zuständigkeit entspricht also nicht nur einem allgemeinen Bedürfnis, sondern ist zugleich in voller Übereinstimmung mit der Vorbildung und Leistungsfähigkeit des Amtsrichters. Trotzdem sahen wir oben (S. 52), daß die Erhöhung der amtsgerichtlichen Zuständigkeit in Zivilsachen als eine wesentliche Verschlechterung der Rechtspflege bezeichnet worden ist. Ist dies wirklich nur eine von Berufsinteressen eingegebene Sorge? Ich glaube nicht; des Rätsels Lösung liegt vielmehr in einer anderen Richtung: Meines Erachtens würde die einfache Erhöhung der amtsgerichtlichen Zuständigkeit in Zivilsachen bis zu 1000 oder 1200 Mk. bei voller Aufrechterhaltung der jetzigen Organisation allerdings eine erhebliche Verschlechterung der Rechtspflege bedeuten.

Die Nürnberger Anwaltskammer und ihre Gesinnungsgenossen ziehen indessen einen durchaus falschen Schluß, wenn sie deshalb — rein negativ — die aus den angeführten Gründen notwendige Erweiterung der amtsgerichtlichen

---

[1]) Verh. v. 15. Februar 1907, S. 798, 804, 819. (Lüdicke, freikons.; Cassel, freis. Volksp.; Peltasohn, freis. Ver.)

Zuständigkeit ablehnen wollen. Für eine positive, schöpferische Politik kann vielmehr die durch die Sachlage gegebene Aufgabe nur die sein: die amtsgerichtliche Organisation so umzugestalten, daß die im Kreise der Amtsrichter unfraglich vorhandenen Kräfte frei und verfügbar werden, welche für eine gute Erledigung der erweiterten Geschäfte ohne Verschlechterung der Rechtspflege notwendig sind.

Die Gefahr einer Verschlechterung liegt bei der jetzigen Organisation wesentlich im folgenden:

Zunächst bieten die nur mit einem Amtsrichter besetzten Gerichte — und ihre Zahl betrug am 1. Jan. 1905 nicht weniger als 750, d. h. 38,8 % aller Amtsgerichte — für Sachen bis zu 1000 oder 1200 Mk. aus dem Grunde keine volle Gewähr,[1]) weil man ein sehr guter Amtsrichter in Vormundschaftssachen und allen übrigen Angelegenheiten der freiwilligen Gerichtsbarkeit, auch in Strafsachen sein kann, ohne deshalb genügende Übung und Kenntnisse in schwierigeren Zivilsachen zu besitzen, und verwickelte Streitigkeiten auch Anwälten gegenüber sicher zu entscheiden. Hier ist der Unterschied von 300 Mk. und 1000 Mk. in bezug auf die Wahrscheinlichkeit spitzfindiger Prozeßführung doch recht bedeutend. Zudem ist es für die Parteien, welche einen Anwalt wünschen, sehr unangenehm, daß an einer großen Zahl dieser kleinen Gerichte Anwälte sich nicht niedergelassen haben und auch künftighin nicht niederlassen werden. Ein Blick in die Justizstatistik zeigt, daß dies für viele Landgerichtsbezirke ganz oder zum großen Teile zutrifft. Ich nenne nur die mir nahe liegenden Bezirke Wiesbaden, Limburg a. L., Neuwied, ferner die pfälzischen und elsaß-lothringischen Gerichte.

Um diese Gefahr beseitigen zu können, müssen also — da eine Garantie für die Besetzung aller einstelligen Amtsgerichte mit guten Zivilisten nicht wohl beschafft werden kann — zunächst einmal mehrere Amtsgerichte zu einem

[1]) Zustimmend Stein a. a. O. S. 76.

Sprengel vereinigt werden; eine Maßnahme, die sich prinzipiell wohl nicht von der regierungsseitig für Strafsachen in Aussicht genommenen Vereinigung mehrerer Landgerichtsbezirke zu einem Berufungsgericht (oben S. 53) unterscheidet. Es bleibt aber dann eine andere, auch bei großen Amtsgerichten drohende Gefahr. Die bisherige Erfahrung hat nämlich gerade bei diesen gezeigt, daß die Zivilsachen häufig unerfahrenen jungen Amtsrichtern oder gar Assessoren zugeteilt werden. Soll man nun etwa eine Altersgrenze — 35 oder 40 Jahre — gesetzlich festlegen, die ein Amtsrichter erreicht haben muß, ehe er Zivilrichter für die erweiterte Zuständigkeit werden kann? Mir würde dieser Weg ebenso schematisch als unsicher erscheinen. Oder welche sonstigen Garantien kann man schaffen? Meines Erachtens muß man, um sie zu finden, schon etwas tiefer in die gesamte gegenwärtige Lage des amtsrichterlichen Dienstes und die Ursachen seiner Mängel und Unzulänglichkeiten eindringen.

Daß der amtsrichterliche Dienst bislang mehr gepriesen als angemessen behandelt ist, habe ich schon in den „Grundlinien" S. II bemerkt. Inzwischen ist im Abg.-Hause (Verh. S. 798) vom Rechtsanwalt Lüdicke, meines Erachtens mit vollem Recht, die Forderung vertreten, daß in die Amtsgerichte nicht Richter zweiter Klasse, sondern gerade die tüchtigsten gehören.

Leider steht aber die jetzige Organisation zu dieser berechtigten Forderung in einem schreienden Gegensatz. Denn infolge des die ganze jetzige Gerichtsverfassung beherrschenden hierarchischen Grundprinzips ist nicht nur das Amtsgericht das unterste in der vierfach abgestuften Ordnung, sondern auch der Amtsrichter selbst steht, wenn er nicht gar wie in Bayern eine Klasse unter dem Landrichter bildet, doch höchstens dem Landrichter und Landgerichtsrat gleich. Alle sogenannten gehobenen Stellen (Landgerichtsdirektor, Oberlandesgerichtsrat usw.) sind in der Gliederung des Beamtendienstes höher gestellt als er und sein Amt.[1]) Unvermeidliche Folge dieser bureaukratischen Wertung seines Dienstes ist eine Herabdrückung seiner Tätigkeit in den Augen des Publikums wie der Richter, und eine Heraustreibung der Tüchtigsten, die man nach Lüdicke gerade halten sollte. Die Flucht ans Landgericht ist daher kein leerer Wahn, und von den hervorragenden Amtsrichtern bleiben nur diejenigen dem Amtsgericht treu, welche völlig ohne äußeren Ehrgeiz sind und eine ganz ausgesprochene Vorliebe für die amtsrichterliche Tätigkeit, zumal auf dem Lande haben. Wie wenige sind dies aber bekanntlich! Weitaus die meisten, welche die Qualifikation für gehobene Stellen besitzen, treten daher, wenn der Ruf an sie ergeht, oft mit sehr schwerem Herzen und lebhaft widerstrebend zum Kollegialgericht über, wo die ihrer zunächst harrende Stelle als beisitzender Richter ihnen vielleicht gar nicht behagt.

Will man also die Tüchtigsten wirklich im amtsgerichtlichen Dienst festhalten und aus dem fruchtbaren Gedanken, der ihm zugrunde liegt, wirklich Früchte gewinnen, so muß man sich von den historisch überkommenen und aus der bisherigen Entwicklung des richterlichen Beamtentums[2]) unschwer erklärlichen Vorstellungen von der Notwendigkeit einer hierarchischen Gliederung des gesamten Richtertums zunächst freimachen und auf rein rationellem Wege eine den Bedürfnissen allseitig entsprechende Organisation des amtsrichterlichen Dienstes suchen. In Wirklichkeit ist dies leichter als eine in den alten Anschauungen befangene Auffassung annehmen möchte. Man muß nur den Mut haben, die hohe Wertung hervorragender obervormundschaftlicher, schöffengerichtlicher oder sonstiger amtsrichterlicher Tätigkeit und die Gleichwertung derselben mit der

---

[1]) Hieran ändert auch die neueste Aufbesserung der richterlichen Gehälter in Preussen nichts Entscheidendes.

[2]) Vgl. meinen Vortrag in der Gehe-Stiftung: Stellung und Tätigkeit des Richters. Dresden 1906.

Tätigkeit der landgerichtlichen Direktoren und Präsidenten dadurch zum erkennbaren Ausdruck zu bringen, daß man innerhalb des amtsgerichtlichen Dienstes auch gehobene Stellen, d. h. Direktoren- und Präsidenten-Stellen schafft[1]). Dann ist das Mittel gefunden, um auch hervorragende Amtsrichter diesem Dienst zu erhalten, der infolge dieser äußerlich erkennbaren höheren Wertschätzung zugleich auch an Anziehungskraft nicht wenig gewinnen würde. Denn die Tätigkeit an sich ist ja, wenn von bureaumäßigem Kleinkram befreit, für tatkräftig angelegte Naturen lockender als die lediglich urteilende Tätigkeit der Kollegialgerichte.

Die Schaffung dieser amtsgerichtlichen Präsidenten-Stellen hätte aber — abgesehen von der unten noch zu besprechenden Organisation der mittleren Strafgerichte — noch einen weiteren Vorteil: die von der preußischen Regierung in der Vorlage von 1904 (Grundlinien S. 153) selbst beklagten Mängel in der Erledigung der amtsgerichtlichen Geschäfte, welche ich in den „Grundlinien" näher dargelegt habe (S. 150ff.), würden leicht zu beseitigen sein, wenn die jetzt den Landgerichts-Präsidenten obliegende Verteilung der Geschäfte und Aufsichtsführung den Amtsgerichts-Präsidenten — gegebenenfalls unter Mitwirkung der Amtsgerichts-Direktoren — für die Amtsgerichts-Präsidialbezirke übertragen würde[2]). Noch jüngst im Abg.-Hause ist lebhaft Klage darüber geführt worden, daß von der den amtsgerichtlichen Geschäften fernerstehenden landgerichtlichen Aufsichtsstelle unpraktische und schematische Anforderungen gestellt seien. Bei einer Übertragung dieser Aufsicht auf die Spitzen des amtsgerichtlichen Personales selbst — wobei die Aufsicht des Oberlandesgerichts-Präsidenten unberührt bliebe — würde

---

[1]) Zustimmend Mügel S. 111, Winter S. 35. — Holtgreven S. 9, 11 schlägt die Schaffung der Stellen von Oberamtsrichtern vor, die in den Kreishauptstädten sitzen und den Landgerichts-Direktoren und Oberlandesgerichtsräten gleichstehen. Warum er — anscheinend — Präsidenten-Stellen ablehnt, gibt er nicht an. Der Name ist natürlich zunächst gleichgültig.

[2]) Dafür auch Winter S. 35.

der Anlaß zu solchen Klagen voraussichtlich bald verschwinden.

Das jetzige, wegen seiner Selbständigkeit besonders anziehende Einzelrichtertum könnte trotz der Schaffung solcher gehobenen Stellen und der Bildung von amtsgerichtlichen Präsidialbezirken durchaus erhalten bleiben, wenn auch eine gewisse kollegiale Zusammenfassung der in einem solchen Bezirke amtierenden Richter natürlich und empfehlenswert sein würde. Allein gerade diese Zusammenfassung würde, wie die Kenner der alten preußischen Kreisgerichte versichern, sowohl der geschäftlichen Tätigkeit als der sozialen Stellung nur zugute kommen.

Auf die Einzelheiten kann hier nicht eingegangen werden, da sie selbstverständlich in sehr verschiedenartiger Weise geregelt werden können und gegen meine in den Grundlinien S. 153ff. gegebenen Anregungen bisher eingehender begründete Einwendungen, mit denen ich mich auseinandersetzen könnte, meines Wissens nicht erhoben sind. Zur Verhütung von Mißverständnissen bemerke ich nur, daß mein Vorschlag, die Amtsgerichte „eines preußischen Kreises oder eines ähnlichen Bezirks“ irgendwie zusammenzufassen, nur einen ungefähren Anhalt geben sollte. Nur Einzeluntersuchungen können feststellen, wie groß ein solcher Amtsgerichts-Präsidialbezirk in den einzelnen Landesteilen zweckmäßigerweise sein und wie viel Amtsgerichte er umfassen müßte, und wie viel Direktor- (oder Oberamtsrichter-)Stellen in den einzelnen Bezirken zu schaffen wären. Des Vergleichs halber erinnere ich nur daran, daß von den 2899 am 1. Jan. 1905 an den Landgerichten überhaupt vorhandenen Richterstellen 173 Präsidenten- und 496 Direktoren-, zusammen also 669 d. h. 23 % gehobene Stellen waren.

Es leuchtet ohne weiteres ein, wie leicht es sein würde, für die mittleren Zivilsachen zwischen 300 und 1000 Mk. bei entsprechender Organisation der Amtsgerichte und — soweit nötig — unter gleichzeitiger Bildung von Sprengeln für mittlere Zivilsachen innerhalb der Präsidialbezirke, vor allem in den Direktoren, aber auch in anderen bewährten Amtsrichtern geeignete Prozeßrichter zu finden, die natürlich, soweit sie nicht durch Prozesse in Anspruch genommen werden, auch an den übrigen amtsgerichtlichen Geschäften sich entsprechend zu beteiligen haben. Amtsgerichte mit vier und mehr Richtern würden voraussichtlich allgemein einen ausreichenden Personalbestand von Richtern und Anwälten haben, um für sich allein einen Sprengel zu bilden. Kleinere Amtsgerichte wären zu einem Sprengel zu vereinigen oder einem größeren Amtsgericht anzugliedern. Auf diesem Wege würde eine große Zahl neuer gerichtlicher Mittelpunkte geschaffen, welche auch für Anwälte genügende Anziehungskraft zur Niederlassung besitzen und dem Publikum große Vorteile in bezug auf leichtere Zugänglichkeit der Gerichte bringen würden.

Die durch solche Organisation den Tüchtigen gegebene Sicherheit, auch innerhalb der amtsgerichtlichen Karriere zu einer Direktor- und Präsidenten-Stelle aufsteigen zu können, würde offenbar an sich schon die Leistungsfähigkeit und das Ansehen des amtsrichterlichen Personales erheblich steigern. Diese Wirkung würde aber noch wesentlich verstärkt werden, wenn gleichzeitig eine Reform der Landgerichte in der Richtung erfolgte, daß an ihnen nur noch gehobene Stellen vorhanden wären, da dann ein Ausscheiden der Tüchtigsten aus dem amtsrichterlichen Dienst behufs Übergangs zum Landgericht in jüngeren Jahren überhaupt ausgeschlossen würde. Eine solche Reform ist aber nur möglich, wenn an Stelle der in erster Instanz entscheidenden Zivilkammern Einzelrichter treten und infolgedessen die jetzigen beisitzenden Richter wegfallen.

Dieser Vorschlag ist allerdings einstweilen noch auf heftigen Widerstand gestoßen, wie das ja auch bei einer in die Gewöhnungen tief eingreifenden Neuerung nur natürlich ist. Hamm, Stranz, Stein, Tourneau (Abg.-Haus Verh. 1907 S. 783), Krause (ebenda S. 839), Henderichs und andere verwerfen sie mit größerer oder geringerer Entschiedenheit. Sie bedeute einen Bruch mit der bisherigen Gerichtsverfassung, der Gedanke sei der öffentlichen Meinung fremd, unsere Gewöhnungen ständen entgegen: so wendet man ein und glaubt vielfach damit die Sache erledigen zu können. Allein offenbar sind diese Einwendungen von geringerer Bedeutung. Gegenüber der am Hergebrachten hängenden sog. öffentlichen Meinung ist einfach darauf zu verweisen, daß bereits hervorragende Sachkenner, wie Vierhaus, Mügel, Holtgreven, Winter, Niedner, Heilfron (im Recht 1906 S. 1235) u. a. für den Einzelrichter in erstinstanzlichen Zivilsachen eintreten.[1]) Eine Umgestaltung der landgerichtlichen Organisation aber mag vielleicht unbequem sein, für die Beteiligten wie für die Verwaltung, aber sie wird unvermeidlich, wenn große Vorteile mit ihr verbunden sind. Entscheidend kann nur die Abwägung sein, ob die jetzigen landgerichtlichen Zivilkammern oder Landgerichts-Präsidenten und -Direktoren als Einzelrichter für die Rechtsprechung größere Garantien und für die gesamte gerichtliche Organisation größere Vorzüge bieten.

Daß eine kollegiale Beratung und Entscheidung, wenn innerlich und äußerlich selbständige, unabhängige und hervorragende Männer zu ihr berufen sind, größere Garantien als die Entscheidung eines Einzelrichters bietet, ist von keiner Seite bestritten, vielmehr ist für die Berufungs-Instanz allgemein die Forderung gebilligt, daß für sie Kollegien von solcher Besetzung gebildet werden. Auch hat die Erfahrung gezeigt, daß diese Forderung, soweit die Oberlandesgerichte in Frage kommen, infolge der nach deutschen Anschauungen verhältnismäßig kleinen Zahl der an ihnen angestellten Richter — 651 — und der Stellung dieser Richter in der Beamten-Hierarchie im großen und ganzen annähernd erfüllt worden ist. Ganz anders liegen die Verhältnisse bei den Landgerichten mit ihren 2899 Richtern. Bei ihnen hat es sich als unmöglich erwiesen,

---

[1]) Die Begrenzung dieser „mittleren Zivilsachen“ hat natürlich immer etwas Willkürliches. Ich halte es aber für sehr erwägenswert, ob nicht, wenn Stellung und Besetzung der Amtsgerichte gemäfs meinen Vorschlägen so erheblich gehoben werden, die Zuständigkeit aller Amtsgerichte auf 500 Mk. erhöht werden sollte, während die „mittleren Sachen“ auf 500—1200 Mk. oder auch 1500 Mk. festgesetzt werden könnten.

die einzelnen Kammern den obigen Anforderungen entsprechend zu besetzen. Es ist selbstverständlich ganz zutreffend, daß — wie Stein S. 77 und Henderichs S. 188 bemerken — bei ungleicher Besetzung der jüngere von der Erfahrung des älteren und der ältere von den noch frischeren wissenschaftlichen Studien des jüngeren lernt und daß die Beratungen vielseitige Förderung und Anregung gewähren Aber das ist nicht der entscheidende Gesichtspunkt. Die Frage ist vielmehr, da erstinstanzliche Kollegien am Landgericht, außer dem Präsidenten oder Direktor nur aus den bei der Beförderung übergangenen älteren Räten und jungen Landrichtern, welche noch viele Hoffnungen und Wünsche hinsichtlich ihrer Beförderung haben, bestehen können, also aus ungleichen, nach Tüchtigkeit und Selbständigkeit verschieden zu bewertenden Persönlichkeiten zusammengesetzt sein müssen — lediglich die: ob solche Kollegien größere Garantien bieten und höhere Autorität besitzen als gut ausgewählte Einzelrichter? Man hat es fast als eine Beleidigung ansehen wollen, daß ich auf die sehr unvollkommene Unabhängigkeit der jungen Richter hingewiesen habe, dabei aber vergessen, daß in diesen Fragen von so außerordentlicher Empfindlichkeit schon die Möglichkeit einer Nachgiebigkeit, der Schein der Abhängigkeit genügt, um die Autorität des Gerichts, das erste Erfordernis gedeihlichen Wirkens zu untergraben oder doch zu gefährden. Zum Beweise der geringen Autorität unserer landgerichtlichen Kollegien habe ich in den „Grundlinien" auf das Verlangen nach Berufung gegenüber den Urteilen der Strafkammern, über deren ungünstige Zusammensetzung übrigens Aschrott a. a. O. S. 21, 22 beachtenswerte Mitteilungen macht und auf die außerordentlich zahlreichen Berufungen (42,5 %) gegen die Urteile der Zivilkammern hingewiesen. Man hat diesen letzteren Hinweis für nicht beweisend erklärt, da Prozeßsucht, das Interesse der Anwälte u. a. m. die vielen Berufungen verursache. Die landgerichtlichen Urteile seien keineswegs schlecht, da sie in den meisten Fällen bestätigt würden. Allein, auch wenn dies alles zuträfe, bleibt doch die Frage, ob der Prozentsatz der

Berufungen bei anderer Bildung der ersten Instanz ebenso hoch wäre. Denn für die Autorität eines Ausspruches ist bekanntlich keineswegs nur sein Inhalt entscheidend, sondern in weit höherem Maße die Autorität desjenigen, von dem er ausgeht. Immerhin handelt es sich bei diesen zuletzt erwähnten Fragen um unbeweisbare Dinge.

Eine zweite Reihe von Gesichtspunkten wird darauf gestützt — vgl. Henderichs a. a. O. S. 188 — daß das Kollegium vor Einseitigkeiten und Versehen schützt, vor denen auch der zuverlässigste Einzelrichter nicht sicher sei. Es schlafe auch Homer einmal. Indessen ist für solche einzelne Fälle ja die Berufung gegeben und die Anstellung von 2230 Landrichtern ist jedenfalls kein dem Zweck der Verhütung solcher Vorkommnisse entsprechendes Mittel. Wenn aber gesagt wird, daß die Erörterung Mehrerer eine größere Sicherheit für die gründliche und erschöpfende Beurteilung sowie für die Richtigkeit der Entscheidung gibt, so gilt dieser Satz nur unter den S. 71 angegebenen Voraussetzungen, welche eben für das Landgericht bei seiner in den Verhältnissen gegebenen Zusammensetzung nicht zutreffen. Ist diese notwendigerweise so ungleich wie bei den landgerichtlichen Zivilkammern, so weiß man eben nie, ob nicht der wenigst Tüchtige den Ausschlag gegeben hat. Jedenfalls sprechen die 42% angefochtener Urteile eine beredte Sprache, und es ist nicht wahrscheinlich, daß dieser Prozentsatz bei Urteilen der Landgerichtsdirektoren überschritten wird.

Allein wenn auch — was ich bestreite — in dem einen oder andern Punkte eine gewisse Überlegenheit der Zivilkammern begründet sein sollte, so sind dieser gegenüber alle diejenigen Verbesserungen der Rechtspflege in die Wagschale zu legen, welche bei Einführung des Einzelrichters in erstinstanzlichen Zivilsachen erreichbar sind.[1]) Und diese Verbesserungen sind

[1]) Gerade auf Grund solcher Abwägung tritt Winter, a. a. O. S. 28, 29, obwohl er die Vorzüge kollegialer Beratung hoch einschätzt, doch dem Vorschlag des Einzelrichters bei.

ganz außerordentlich bedeutend und weitgreifend. — Ich versuche, sie im Folgenden etwas ausführlicher darzulegen.

Der erreichbare Grad einer Hebung des richterlichen Niveaus hängt nach dem oben S. 18 Dargelegten von der Einschränkung des Richterbedarfs und der Erweiterung der Auswahlmöglichkeit ab. Gerade die kollegial zusammengesetzten 542 Zivilkammern erfordern aber den größten Aufwand an landgerichtlichen Kräften. Die Beseitigung der Beisitzer an diesen Kammern würde also von sehr großer Bedeutung für die Einschränkung des Richterbedarfes sein.[1])

Die Beseitigung dieser Beisitzer gewährt aber, wenn auch die übrigen beisitzenden Landrichter beseitigt werden — was bei Aufhebung der bisherigen Strafkammern keineswegs unerreichbar erscheint — die höchst bedeutsame Möglichkeit, an den Landgerichten künftighin nur gehobene Stellen zu haben; und dies würde neben der Schaffung von Amtsgerichts-Präsidenten und Direktorenstellen dem frühzeitigen Übergang tüchtiger Amtsrichter zum Landgericht ein völliges Ende bereiten. Denn der Amtsrichter könnte dann erst, wenn er für eine gehobene Stelle reif geworden, zum Landgericht hinüberkommen.[2]) Die Bedeutsamkeit dieses Umstandes für eine gute Rechtsprechung muß meines Erachtens sehr hoch angeschlagen werden. Denn gerade die jungen Landrichter neigen bei unserer ganzen theoretischen Art der Ausbildung, welcher noch kein Gegengewicht durch längere eigene praktische Tätigkeit erwachsen ist, naturgemäß am leichtesten

---

[1]) Dies ist wiederholt bezweifelt worden. Man geht aber dabei von der Annahme aus, dafs das bisherige Verfahren unverändert bleibt, insbesondere auch Tatbestände und Entscheidungsgründe in bisheriger Weise vom Richter selbst nachträglich ausgearbeitet werden müssen. Ich gehe aber von der entgegengesetzten Annahme aus. Der enge Zusammenhang zwischen der Reform des Verfahrens und der Reform der Organisation tritt hierbei übrigens klar hervor.

[2]) Auch Winter S. 33 will übrigens für die Amtsrichter erst nach mindestens fünfjähriger Tätigkeit als solche den Übergang zum Landgericht zulassen.

zu einer den Bedürfnissen des Lebens fremden abstrakten Begriffsjurisprudenz.

Die vorgeschlagene Umgestaltung der Landgerichte beseitigt zugleich den zweiten Einwand (oben S. 55) gegen die erweiterte amtsgerichtliche Zuständigkeit: die Verschlechterung der Berufungsinstanz. So gerechtfertigt der Einwand gegenüber der jetzigen Organisation ist, nach welcher die Oberlandesgerichte mit ausschließlich gehobenen Stellen größere Garantien als die Landgerichte bieten, so grundlos wird er in dem Augenblicke, wo auch an den Landgerichten nur noch gehobene Stellen: Präsidenten- und Direktoren-Stellen[1]) bestehen und die Berufungsinstanz also lediglich aus einem Präsidenten und zwei Direktoren oder — bei größeren Landgerichten — aus drei Direktoren gebildet würde.[2])

Es ist hiernach in der Tat möglich, die namentlich aus Anwaltskreisen gegen die Erweiterung der amtsgerichtlichen Zuständigkeit aus dem Gesichtspunkt einer Verschlechterung der Rechtspflege heraus erhobenen Bedenken durch eine, gar nicht einmal sehr in die Augen fallende Veränderung unserer, in allen ihren Grundlagen aufrecht erhaltenen Gerichtsverfassung zu beseitigen. Es ist daher an sich schon dringend zu wünschen, daß die bisher jener Erweiterung widerstrebenden Kreise ihre negative

---

[1]) Ich behalte diese Bezeichnung bei, die auch fernerhin mit Rücksicht auf den diesen Personen vorzugsweise zustehenden Vorsitz in Schwurgerichten wohl geeignet wäre. — Über die Untersuchungsrichter bzw. die im strafrechtlichen Vorverfahren künftig tätigen Richter vgl. oben S. 33 und unten S. 92.

[2]) In den Grundlinien S. 118 hatte ich die Besetzung der Berufungskammer mit nur zwei Richtern vorgeschlagen, um die erste Instanz zu stärken. Denn nur, wenn beide Richter einig sind, kann das erstinstanzliche Urteil aufgehoben oder verändert werden. Von dem gleichen Wunsch geleitet schlägt Henderichs (oben S. 41 Anm. 1) das Erfordernis der Einstimmigkeit für aufhebende oder ändernde Berufungsurteile vor. — Ich halte indessen den obigen Vorschlag nicht mehr aufrecht, weil ein Kollegium von zwei sich wohl zur Entscheidung eines auf die Rechtsfrage oder den bisherigen Tatbestand beschränkten Rechtsmittels eignet, nicht aber für eine Berufung, in der auch neue Tatsachen und Beweismittel vorgebracht werden können.

Haltung aufgeben und mit allem Ernst und Nachdruck mitarbeiten, um die im vorhergehenden skizzierten Änderungen in der Verfassung der Amts- und Landgerichte dem allgemeinen Verständnis näher zu bringen und in den bevorstehenden parlamentarischen Verhandlungen durchzusetzen. Dieser Appell kann mit um so größerem Nachdruck an alle Kreise gerichtet werden, als es sich hierbei nicht nur um Reformen in der Erledigung der bisherigen amtsgerichtlichen Geschäfte, sowie der mittleren Zivilstreitigkeiten handelt, deren Bedeutung immerhin eine begrenzte wäre; denn in Wirklichkeit reicht die Tragweite der vorgeschlagenen landgerichtlichen Reorganisation viel weiter, bis an die Stellen heran, wo richterliches Vertrauen und richterliche Autorität ihre stärksten Wurzeln treiben.

Daß die volle richterliche Unabhängigkeit für beide die erste und grundlegende Voraussetzung bildet, ist zwar allgemein anerkannt, doch ist man sich vielfach noch nicht vollkommen klar, worin eigentlich diese Unabhängigkeit besteht. Die gesetzlich garantierte Unabsetzbarkeit ist zwar ein großes Gut; aber so lange ein in der richterlichen Karriere aufwärts Strebender so viele Hoffnungen und Wünsche hat, deren Erfüllung von seinen Vorgesetzten abhängt, so lange er also ein persönliches Interesse an der guten Meinung dieser Vorgesetzten hat, die auch ihrerseits manchmal Wünsche haben, so lange sind offenbar Konflikte und Reibungen amtlicher und persönlicher Natur keineswegs ausgeschlossen. Freilich kann man „nicht behaupten und jedenfalls nicht beweisen, daß in unserm Richterstande die schwachen Naturen", welche in solchen Konflikten unterliegen oder von vornherein zu Strebern im schlimmen Sinne werden, „einen irgendwie erheblichen Prozentsatz bilden". (Stein S. 68.) Allein, wie ich schon oben (S. 72) bemerkte: auf das wirkliche Unterliegen oder gar auf die Zahl der Unterliegenden und den Umfang des Strebertums kommt es gar nicht an, sondern nur auf die Möglichkeit unberechtigter Einflüsse und den bösen Schein irgendwelcher Abhängigkeit. Wenn nun gar aus richterlichen Kreisen so bewegliche Klagen über die Unvollkommenheit richterlicher Unabhängigkeit laut werden, wie sie in einer Zeitschrift vom Rang der Preußischen Jahrbücher wiederholt gebracht sind[1]) (vgl. oben S. 19), so kann man sich nicht wundern, wenn die richterliche Autorität nicht auf der unbedingt nötigen Höhe steht. Abhilfe ist aber nur auf einem Wege zu erreichen: durch Beseitigung des jetzigen Systems der Beförderungen, soweit die zweitinstanzlichen Gerichte, d. h. die Land- und Oberlandesgerichte in Frage kommen.) So lange es sich ereignen kann, daß ein Richter, der in der entscheidenden zweiten Instanz in irgendeinem Prozeß von politischem Interesse mitgewirkt hat, bald darauf befördert wird, so lange wird die Grundlage vollen Vertrauens eine schwankende sein, mag es auch für den Kreis der Wissenden sonnenklar sein, daß die Beförderung objektiv vollkommen begründet war. Es ist daher ein Staatsinteresse allerersten Ranges, von gleicher Bedeutung für alle Parteien, daß mit dem bisherigen System der Beförderung an den höheren Gerichten gebrochen wird und daß an den Landgerichten wie an den Oberlandesgerichten nur gehobene Stellen bestehen, deren Rangstellung und Besoldung — abgesehen von den Stellen der Oberlandesgerichts-Präsidenten — möglichst wenig voneinander verschieden sind.[2]) Eine derartige Organisation würde die höheren richterlichen Stellen so völlig und so grundsätzlich von den übrigen Stellen der Beamten-Hierarchie unterscheiden, daß auch eine völlig eigenartige, lediglich durch die Interessen des richterlichen Amtes bedingte Regelung der Rangstellung und Besoldung meines Erachtens ohne weiteres gerechtfertigt sein würde.

---

[1]) Vgl. auch „Briefe eines bayerischen Richters" in der Allg. Ztg. (oben S. 41).

[2]) Die Beförderung von Amtsrichtern zu Amtsgerichts-Direktoren und -Präsidenten bietet kein Bedenken, weil der amtsrichterliche Dienst nur zum Teil der Rechtsprechung gewidmet ist, und dann nur in erster Instanz. Aufserdem ist der Einzelrichter an sich viel freier.

Dies war der eine Punkt, den ich mit dem Ausdruck: „Herausnahme der höheren Richter aus der Beamten-Hierarchie“ klar zu machen hoffte. (Grundlinien S. 147, 161.) Leider ist dieser Ausdruck vielfach mißverstanden worden.[1]) So meint Stein (S. 63, 68), daß an der Beamtenstellung unserer Richter wohl nichts zu ändern sein werde und daß sie — im Gegensatz zu den englischen Richtern — Hüter des Gesetzes, nicht seine Bildner, und deshalb Beamte seien. Ich habe nur zu sagen, daß ich mit diesen Sätzen völlig einverstanden bin.

Aber noch ein Zweites wollte ich mit jenem Ausdruck hervortreten lassen: daß nämlich keine Anwartschaft des amtsrichterlichen Personals auf jene gehobenen Stellen der höheren Gerichte gegeben sein sollte. Stein (S. 73) hält umgekehrt solche Anwartschaft für natürlich und faßt die Berufung irgendeines Anwaltes oder nicht-richterlichen Juristen als „eine Einschiebung in die normale Laufbahn“ auf, über den die Amtsrichter klagen können, wie die Postbeamten, wenn ein Offizier Postdirektor wird oder die Privatdozenten, wenn ein Praktiker einen Lehrstuhl erhält.

„Derjenige, der die Richterlaufbahn von Anfang an einschlägt, muß sich um der Hoffnung auf die Zukunft willen zunächst bescheiden, resigniert den Zwang, die geringe Besoldung, den kleinen Ort auf sich nehmen. Der Anwalt hat durchschnittlich, wenn er tüchtig ist, die bessere und reichere Lebenshaltung; er hat die freie Wahl des Ortes, die Freiheit der persönlichen und individuellen Betätigung; in allen diesen Beziehungen steht der richterliche Beamte ihm nach, und nun sollen die, die mit Entbehrungen auf höhere Stellungen gewartet haben, sehen, daß andere in diese Stellen kommen. Das würde nur böses Blut geben. Ich glaube, daß, wenn solche Einschiebungen in weitem Umfang erfolgten, die einheitliche Zusammenarbeit, das kollegialische Zusammenhalten des Richterstandes, ein wert-

---

[1]) Für diese Herausnahme Müller (Meiningen) im Reichstag (Verh. 1907. S. 435.)

volles Gut, das wir jetzt besitzen, schwere Einbuße erleiden würde".

Ich kann die Berechtigung dieser Sätze nur für die augenblickliche Organisation, nicht aber für die von mir vorgeschlagene anerkennen.

Wenn die Zahl der Amtsrichter durch Entlastung von bureaumäßigen Geschäften verringert und gleichzeitig eine erhebliche Anzahl gehobener Stellen bei den Amtsgerichten geschaffen wird, so steht den Amtsrichtern eine prozentual sehr erhebliche Reihe gehobener Stellen offen, so daß ein Verlangen, außerdem auch alle Stellen an den Land- und Oberlandesgerichten zu besetzen, nicht mehr als berechtigt anerkannt werden könnte. Es genügt durchaus, wenn mit ihnen ein — irgendwie noch näher zu bestimmender — Teil besetzt wird. Im übrigen kann die Besetzung lediglich von dem Gesichtspunkt aus geregelt werden, daß die bestmögliche Zusammensetzung der Richterkollegien sichergestellt wird.

Eine Berücksichtigung der Anwaltschaft scheint mir aus verschiedenen Gründen geboten; vor allem natürlich im Interesse einer guten Besetzung.

„Man kann wohl sagen", so bemerkt Stein S. 72, „daß im großen ganzen der deutsche Anwalt mehr den Puls des Verkehrslebens fühlt, das Herz des Volkes besser schlagen hört, als der Richter". Hamm a. a. O. S. 1052 sagt in gleichem Sinn: „Auf jeden Fall würden die deutschen Gerichte durch die Besetzung mit hervorragenden Anwälten, welche während einer vieljährigen großen Praxis mitten im lebendigen Rechtsverkehr gestanden und sich damit volles Verständnis für die Rechtsbedürfnisse des praktischen Lebens wie großes Vertrauen und Ansehen in allen Kreisen der Bevölkerung erworben haben, ganz vorzügliche Richter erhalten". Ebenso meint Mügel a. a. O. S. 1113: „Es kann der Rechtspflege nur förderlich sein, wenn am Richtertisch auch solche Persönlichkeiten vertreten sind, die durch ihre Anwaltstätigkeit in das Getriebe des gewerblichen Lebens hineingestellt waren und aus eigener Anschauung wissen, wie sich der Prozeß vom

Standpunkt der Partei aus ansieht".[1]) Viele andere haben der teilweisen Entnahme der höheren Richter aus den Anwälten aus gleichen Gründen zugestimmt; aus anwaltlichen Kreisen ist schon oft die gleiche Forderung erhoben, während mir gegenteilige Äußerungen nur in geringer Zahl bekannt geworden sind.[2])

Der Anwaltstand selbst hat natürlich ein großes Interesse an dieser Beteiligung am Richterersatz für die höheren Gerichte, weil das Ansehen und die Anziehungskraft seines Standes für gute und erwünschte, auch vermögende Elemente dadurch bedeutend gehoben würde.

Endlich ist auch die mit Glücksgütern nicht gesegnete juristische Jugend an dieser Art der Organisation lebhaft interessiert, da sie nur auf diesem Wege einen Anteil an den höheren richterlichen Stellen erlangen kann. Und ihr Interesse deckt sich mit dem Interesse, welches die Allgemeinheit daran hat, daß die hohen Stellen auch dem von Hause aus Unbegüterten offen stehen. Der bisher aus alter Gewöhnung immer wieder eingeschlagene Weg, der auf der Leiter des hierarchisch geordneten Dienstes allmählich von Staffel zu Staffel aufwärts führt, wird für die Unvermögenden, welche weder Junggesellen bleiben, noch Reichtum erheiraten wollen oder können, immer mehr ungangbar: denn es wird bei der raschen Zunahme der Wohlhabenheit in den mittleren Klassen und bei den steigenden Ansprüchen, die bei einer Teilnahme am geselligen oder öffentlichen Leben an eine Familie gestellt werden, für den Staat immer weniger möglich werden, die Gehälter der höheren Beamten

---

[1]) Vgl. auch die Äufserung des Grafen Franqueville unten S. 100.

[2]) Winter S. 8ff. verkennt nicht, dafs die bisherigen, allerdings seltenen Berufungen von Rechtsanwälten in Richterstellen, hervorragende Kräfte dem Richterstand zugeführt haben. Aber er bezweifelt aus finanziellen Gründen die Möglichkeit einer Berufung in gröfserem Umfang, hält auch die Auswahl für schwer, jedenfalls die Wahl von Richtern, die weit mehr nach allen Richtungen erprobt werden könnten, für sicherer. In seinen Reformvorschlägen sieht er daher von teilweiser Entnahme der Richter aus den Anwälten ganz ab. — Auch Henderichs, S. 188 verhält sich gegen die Wahl von Rechtsanwälten ablehnend.

so hoch zu halten, daß sie für den standesgemäßen Unterhalt einer Familie ausreichen. Junge Leute von Talent, aber ohne Vermögen, werden also mehr und mehr darauf verzichten müssen, von vornherein die Beamten-Laufbahn zu ergreifen. Und so viele Vorurteile einstweilen auch noch entgegenstehen, so drängt die Entwicklung doch unwiderstehlich dahin, daß die Söhne aus guten, aber unvermögenden Familien zunächst dem Erwerbe sich widmen. In diesem Zusammenhang gewinnt die Möglichkeit, zunächst als Anwalt zugleich zu erwerben und das geschäftliche Leben nach allen Seiten kennen zu lernen, eine weitreichende Bedeutung. Denn mancher hervorragend begabte Mann wird leichter geneigt sein, in die ihm nach überkommener Anschauung zunächst vielleicht widerstrebende Anwaltschaft einzutreten, wenn er hoffen darf, zum Schluß seiner Laufbahn, nachdem er sich allgemeines Vertrauen erworben hat, den Richterstuhl zu besteigen.

Man wendet freilich wohl ein, daß die Gehälter gar nicht so hoch sein könnten, um die tüchtigen Anwälte zur Übernahme eines richterlichen Amtes zu veranlassen. Man übersieht dabei aber, daß Geldgewinn nicht das allein bestimmende Motiv ist, sondern mancher bei Erlangung einer ehrenvollen, mit subalterner Arbeit nicht belasteten Stellung auch mit geringerem Einkommen vorlieb nimmt, wobei übrigens zu bedenken, daß die Gewährung von Pensionsrechten für ihn selbst und seine Hinterbliebenen auch finanziell nicht ohne Bedeutung ist.

So würde der teilweise Richterersatz aus dem Anwaltstande nach den verschiedensten Seiten hin von Segen sein. Die eben angeführten Gesichtspunkte treffen aber zu einem erheblichen Teil auch für andere im öffentlichen Dienst bewährte Juristen, z. B. diejenigen zu, welche aus finanziellen Gründen zunächst in den Kommunal- oder in einen andern öffentlichen Dienst eingetreten sind und dann etwa als zugewählte Richter in den Bezirksausschüssen Beweise von hervorragender juristischer Befähigung gegeben haben. Auch aus ihnen können wertvolle richterliche Kräfte gewonnen werden.

Natürlich würde die Art und Weise, wie solcher Richterersatz zu organisieren wäre, manche Neuerung mit sich bringen. Insbesondere würde der vorherigen Bewährung in der Öffentlichkeit eine größere Rolle als bisher zugewiesen werden müssen. Indessen würde es nur vorteilhaft sein, wenn auf diese Weise die einzelne richterliche Persönlichkeit mehr zur Geltung gelangte und das von ihr erworbene Kapital von öffentlichem Vertrauen auch dem richterlichen Amt unmittelbar mit zugute käme.

Wenn nun vorstehenden Vorschlägen gemäß sowohl an den Land- als an den Oberlandes-Gerichten nur gehobene Stellen beständen, deren Besetzung zum Teil aus dem amtsgerichtlichen Personal heraus, zum Teil aus dem Anwaltstande, zum Teil auch aus andern im öffentlichen Dienst bewährten Männern erfolgte, so würde offenbar ein wesentlicher Unterschied zwischen diesen beiden Arten von Gerichten nicht mehr bestehen. Aber ist dies zu bedauern? und ist der bisherige Unterschied denn wirklich durch sachliche Gründe gerechtfertigt? Fällen nicht jetzt schon die Landgerichte in den wichtigsten Sachen: den schweren und schwersten Strafsachen, in Strafkammern und Schwurgerichten endgültige, nur mit der Revision anfechtbare Urteile, genau so wie die Oberlandesgerichte in Zivilsachen? und sollen nicht künftig die Landgerichte in schweren Strafsachen die Berufungsgerichte sein, gegen welche gleichfalls nur die Revision zulässig ist? Sind nicht überdies die Landgerichte überhaupt letzte Instanz in amtsgerichtlichen Zivilsachen? Allerdings bilden ja — in Nachbildung der französischen Systematik (vgl. S. 59) — die Landgerichte in Zivilsachen bislang gewissermaßen die normale erste Instanz und die Oberlandesgerichte die übergeordnete zweite; allein man schickt sich ja eben an, die bisherige, wenig bedeutende Ausnahmestellung der amtsgerichtlichen ersten Instanz so umzugestalten, daß die große Hauptmasse aller Zivilsachen künftig beim Amtsgericht in erster Instanz erledigt wird und das Landgericht in weit höherem Maße als bisher auch hier die zweite Instanz bildet. Eine tunlichste Gleichstellung der Land- und Oberlandesgerichte, unter Beseitigung der bisherigen Verschiedenheiten in Rang und Gehalt der Mitglieder ist hiernach auch innerlich, aus rein sachlichen Gründen der Organisation ebenso begründet, als sie, wie oben S. 76f. nachgewiesen, behufs voller Durchführung der richterlichen Unabhängigkeit notwendig ist. Mügel ist bereits auf Gehaltsfragen eingegangen; ich halte solche Erörterungen für verfrüht, weil zunächst vor allem zur allgemeinen Überzeugung zu bringen ist, daß die Gesichtspunkte für die Feststellung der Gehälter der höheren Richter — welche zum Teil aus Nicht-Beamten hervorgehen sollen — bei rationeller Betrachtung völlig andere sein müssen als die für Verwaltungsbeamte und Lehrer mit gutem Grunde angewandten.[1]) Ich mache nur auf einen Punkt aufmerksam: bei einem Kollegium hoher Richter ist keinerlei Grund vorhanden, den Vorsitzenden so hervorzuheben, wie den Präsidenten einer, überdies meist nicht kollegialisch, sondern bureaukratisch organisierten Verwaltungsbehörde gegenüber seinen Räten. Der gleiche Wert der richterlichen Voten sollte auch äußerlich zur Geltung kommen. Die Landgerichts-Präsidenten und -Direktoren können auch um so eher im wesentlichen gleichgestellt werden, als ja die Aufsicht des Präsidenten über die Amtsgerichte in Wegfall kommen und infolge der erheblichen Verringerung der landgerichtlichen Tätigkeit auch die Verwaltungsgeschäfte sehr verringert würden. Nur der Oberlandesgerichts-Präsident wäre als repräsentative Persönlichkeit entsprechend herauszuheben.

[1]) Niedner meint S. 21 mit der unsern Richtern eignen bescheidenen Auffassung der richterlichen Stellung, dafs die dem Richterstand obliegenden Aufgaben nicht wichtigere und höhere seien als die der Lehrer oder Verwaltungsbeamten. — Allein schon die Stellung des Reichsgerichts und seiner Mitglieder widerspricht dieser Auffassung Dieselben Gründe aber, welche dahingeführt haben, dem Reichsgericht eine so hoch herausgehobene Stellung zu geben, treffen prinzipiell auch für die oberen Landesgerichte zu, welche in zahlreichen, wirtschaftlich, politisch und sozial aufserordentlich wichtigen Sachen in letzter Instanz zu entscheiden haben.

Der im vorstehenden vorgeschlagene Reorganisationsplan, der — wie wir sahen — nicht mit irgend vorgefaßten Meinungen begründet ist, sondern in allen Einzelheiten auf Beseitigung der bestehenden, zum Teil sehr tief greifenden Übelstände hinarbeitet, die gegebenen Grundlagen aber durchaus fest hält, hätte auch so gestaltet werden können, daß die Landgerichte wirklich nur abgezweigte Senate der Oberlandesgerichte würden. Ein zwingender Anlaß zu einer solchen, viel radikaler eingreifenden Gestaltung lag jedoch nicht vor. Übrigens wird durch die Gleichstellung der Land- und Oberlandesgerichte die oben S. 53, 54 berührte Bildung der Berufungsinstanz gegen Urteile der mittleren Schöffengerichte wesentlich erleichtert, indem sie je nach Bedürfnis der einen oder anderen Gerichtsart angegliedert werden kann, ohne daß dadurch ein Unterschied in der Güte der Besetzung entsteht. Ehe ich jedoch auf die strafgerichtliche Organisation weiter eingehe, wird es nützlich sein, die Hauptergebnisse der bisherigen Erörterungen übersichtlich zusammenzustellen:

I. Die Gerichtsverfassung ist in folgenden Punkten zu ändern:

1. Die Senate der Oberlandesgerichte entscheiden in einer Zusammensetzung von drei Mitgliedern (vgl. S. 7);

2. Die landgerichtliche Verfassung[1]) erfährt folgende Änderungen:

a) Die Landrichterstellen fallen weg, so daß nur Präsidenten- und Direktoren-Stellen bleiben;

b) die zur Zuständigkeit des Landgerichts gehörigen erstinstanzlichen Prozesse in Zivilsachen werden von den Präsidenten und Direktoren als Einzelrichtern entschieden;

c) die Berufungskammern werden aus dem Präsidenten und zwei Direktoren oder aus drei Direktoren gebildet;

[1]) Die Kammern für Handelssachen (im ganzen 156), die schon bisher teils bei (79) Landgerichten, teils bei (12) Amtsgerichten gebildet sind, bereiten in bezug auf Einfügung in die veränderte Organisation keine besondere Schwierigkeiten und sind daher unerörtert gelassen.

d) die bisher von den Landgerichts-Präsidenten geübte Aufsicht über die Amtsgerichte kommt in Wegfall.

3. Die Amtsrichter behalten zwar ihre einzelrichterliche Stellung, doch werden sie unter neu zu schaffenden Amtsgerichts-Präsidenten und -Direktoren in gewissem Maße kollegial zusammengefaßt. Die hierdurch entstehenden Präsidialbezirke können aus einem oder mehreren Amtsgerichten bestehen.

Die Entscheidung der Zivilprozesse von 300—1000 Mk. wird auf die Amtsgerichte übertragen, welche — soweit sie nur mit einem Richter besetzt sind — allgemein, im übrigen nach Bedürfnis und Zweckmäßigkeit zu besonderen Sprengeln für mittlere Zivilprozesse zusammengelegt werden, denen in der Regel Direktoren, und jedenfalls nur erfahrene und bewährte Amtsrichter vorstehen.

Die bisher den Landgerichts-Präsidenten zustehenden Aufsichtsrechte und -pflichten gehen auf die Amtsgerichts-Präsidenten über.

II. Diese Änderungen würden namentlich folgende für die Stärkung des Vertrauens zur Rechtspflege und für die Hebung ihres Ansehens höchst bedeutsame Wirkungen haben, wobei zugleich zu erwägen ist, daß auch durch die S. 30f. vorgesehenen Änderungen des Verfahrens eine wesentliche Verminderung des richterlichen Personales und infolgedessen eine vorsichtigere Auswahl ermöglicht wird.

1. Das Verhältnis der gehobenen Stellen (alle Stellen an Land- und Oberlandesgerichten und die neuen Stellen der Amtsgerichts-Präsidenten und -Direktoren) zu den übrigen wird gegenüber dem jetzigen Zustand so erheblich günstiger, daß die Anziehungskraft des richterlichen Amtes wesentlich verstärkt wird.

---

[1]) Der in den Grundlinien S. 137 gemachte Vorschlag einer konkurrierenden Zuständigkeit der Landgerichte in Sachen von 300—1000 Mk. ist auf allgemeinen Widerstand gestoſsen. Ich lasse ihn mit Rücksicht auf die nunmehr gegebenen Garantien der amtsgerichtlichen wie der (landgerichtlichen) Berufungs-Instanz fallen.

2. Die Tüchtigkeit und Leistungsfähigkeit des amtsrichterlichen Personales wird — abgesehen von der ebengenannten Schaffung von Präsidenten- und Direktoren-Stellen — noch weiter dadurch gesteigert, daß die Flucht zum Landgericht, d. h. der frühe Übergang, der gerade die Tüchtigsten dem Amtsgericht nahm, überhaupt unmöglich gemacht wird.

3. Es ist hiernach ohne die Gefahr einer Verschlechterung der Rechtspflege möglich, die Amtsgerichte durch Erhöhung ihrer Zuständigkeit, insbesondere durch Zuweisung der Zivilprozesse, bis zu 1000 oder auch 1500 Mk. besser auszunutzen und infolgedessen sowohl die Landgerichte als die Oberlandesgerichte erheblich zu entlasten und auch deren Personalbestand zu verringern und infolgedessen noch weiter zu heben.

4. Die Landgerichte gewinnen, weil künftig nur noch gehobene Stellen an ihnen bestehen, ein im wesentlichen den Oberlandesgerichten gleiches Ansehen. Dadurch erlangen insbesondere die von ihnen als Berufungsinstanz gefällten Entscheidungen die bisher oft vermißte Autorität. Die Präsidenten und Direktoren werden als Einzelrichter in erstinstanzlichen Zivilsachen mindestens das gleiche Ansehen genießen, wie die bisherigen Zivilkammern.

5. Die Gleichstellung fast aller Stellen an den Land- und Oberlandesgerichten beseitigt innerhalb der höheren Gerichte das jetzige Beförderungswesen mit allen seinen, wenn auch vielfach nur scheinbaren oder eingebildeten Übelständen. Der Grundpfeiler richterlichen Ansehens und Vertrauens: die volle Unabhängigkeit wird hierdurch gegen alle Erschütterungen und Unterwühlungen, welche durch den Hinweis auf jetzt mögliche Beeinflussungen und Konflikte immer wieder und nicht ohne Erfolg versucht werden, dauernd sicher gestellt.

6. Die gemischte Besetzung der Land- und Oberlandesgerichte mit Mitgliedern der Amtsgerichte, welche in langjähriger richterlicher und halbrichterlicher

Tätigkeit in unmittelbarer Berührung mit Land und Leuten Lebenskunde und Erfahrung sich zu eigen gemacht, mit Anwälten, welche mitten im geschäftlichen Leben gestanden, die Anschauungsweise der Parteien kennen gelernt und das allgemeine Vertrauen erworben haben, sowie auch mit andern im öffentlichen Leben bewährten Juristen wird die Rechtsprechung lebensfrisch und volkstümlich gestalten und vor den Verirrungen theoretischer Konsequenzmacherei und abstrakter und weltfremder Begriffsjurisprudenz bewahren.

7. Die Erhebung zahlreicher Orte zu Amtsgerichts-Präsidialsitzen und die Bildung von Amtsgerichtssprengeln für mittlere Zivilstreitigkeiten wird das Rechtsleben wirksam dezentralisieren und die Rechtspflege in weitestem Umfang dem Publikum leichter zugänglich machen und verbilligen.[1]) Auch wird das Drängen der schnell wachsenden Städte nach Errichtung neuer Landgerichte stark eingedämmt. Die kleinen Landgerichte und Oberlandesgerichte werden aber bei der hier vorgeschlagenen Art der Organisation trotzdem nicht lebensunfähig, da sie zum Leben einen viel kleineren Richterbestand notwendig haben: ein aus einem Präsidenten und zwei Direktoren oder Vizepräsidenten bestehendes Gericht wird wohl überall genügende Beschäftigung finden. Überdies gewährt die Gleichstellung von Land und Oberlandesgerichten die Möglichkeit, die Berufungsinstanz je nach Bedarf zum Teil den einen, zum Teil den anderen Gerichten anzugliedern. Endlich ist nicht zu vergessen, daß wohl alle Orte mit Landgerichten auch zu Sitzen von Amtsgerichts-Präsidenten und allen damit verbundenen Gerichten und Behörden (mittleren Schöffengerichten, Staatsanwälten (S. 93) u. a. m.) sowie dem entsprechenden Stab von Rechtsanwälten werden bestimmt werden. Auch in denjenigen Fällen also,

[1]) Die Einrichtung von Amtsgerichtssprengeln für mittlere Zivilsachen, unter dem regelmäfsigen Vorsitz von Direktoren (S. 69ff) würde die Möglichkeit gewähren, der oben S. 49 gegebenen Anregung entsprechend die Berufung in Zivilsachen von 100—300 Mk. nicht an die Landgerichte, sondern an diese Sprengelgerichte gehen zu lassen.

in denen die Aufhebung von Landgerichten wegen ungenügender Beschäftigung unvermeidlich werden sollte, würde ein hochwertiger Ersatz geboten werden.

8. Der Anwaltstand wird durch die Entnahme eines Teiles der höheren Richter aus seiner Mitte an Ansehen und Anziehungskraft erheblich gewinnen. Andererseits werden manche zeitweilige Schädigungen und Verschiebungen unvermeidlich sein. Namentlich werden die bei den Oberlandesgerichten zugelassenen Anwälte infolge der Abnahme der an diese gelangenden Berufungssachen eine gewisse Einbuße erleiden. Ob die Beseitigung des Anwaltszwangs bis zu 1000 oder 1200 Mk. auf die Zuziehung von Anwälten sehr einwirken wird — wenn nach dem oben (S. 56) gemachten Vorschlage gleichzeitig das Auftreten von Rechtskonsulenten oder Mandataren unmöglich gemacht wird — steht dahin. Unzweifelhaft gewinnen die an den Sitzen der Sprengelgerichte für mittlere Zivilsachen niedergelassenen Anwälte. Die Stimmung in Anwaltskreisen ist daher, wie (S. 55) erwähnt, nicht einheitlich. Jedenfalls werden die Verschiebungen, welche infolge notwendig gewordener Umgestaltungen der gerichtlichen Verfassung eintreten, im Interesse der großen, die gesamte Rechtspflege umfassenden und auch dem Anwaltstande zugute kommenden Verbesserungen ertragen werden müssen und auch ertragen werden können, da glücklicherweise die Schreibstuben unserer Anwälte nicht käuflich erworben werden mußten wie die études der französischen avoués. Außerdem würde eine allmähliche Überführung der gegenwärtigen Verhältnisse in den neuen Zustand möglich sein, wie dies durch meine Vorschläge im fünften Abschnitt dargetan ist. Endlich ist im Fall des Bedürfnisses die Gebührenordnung für Anwälte dem neuen Zustand entsprechend umzugestalten.

9. Die finanziellen Mittel, welche diese Hebung des Richterstandes und die damit verbundene Verbesserung der Rechtspflege unter wesentlicher Stärkung ihrer Autorität erfordert, werden mit Rücksicht auf die gleichzeitige starke Verminderung des Richterbedarfes auf die Dauer den

jetzigen Bedarf nicht erreichen. Ob und inwieweit vorübergehend Mehrbelastungen eintreten, hängt hauptsächlich von der Art und Weise ab, wie der Gesamtplan durchgeführt wird, der in sich zwar einheitlich gedacht ist und auch in seinen einzelnen Teilen ein fest zusammenhängendes Ganzes bildet, der aber trotzdem eine allmähliche Verwirklichung unbedenklich zuläßt (vgl. Abschnitt 5).

Nach Gewinnung dieser Übersicht wird es nunmehr nur kurzer Bemerkungen bedürfen, um die Leistungsfähigkeit dieses Gesamtplanes auch für die strafgerichtliche Organisation zu erweisen. Es gilt dabei namentlich, zu den von den Vorschlägen der preußischen Regierung noch unentschieden gelassenen Fragen Stellung zu nehmen, da in betreff der Entscheidung der Übertretungen durch den Amtsrichter und der Aufrechterhaltung der bisherigen Schöffengerichte unter Ausscheidung der Übertretungen und mit einer gewissen Ausdehnung der Zuständigkeit nach oben hin keine Meinungsverschiedenheit zu bestehen scheint.

Zwei Fragen fordern vor allem Entscheidung, erstens: wie sollen die neuen Schöffengerichte gebildet und welchen Gerichten sollen sie angegliedert werden? und zweitens: wie soll die Berufungsinstanz gegen die Urteile der Amtsrichter, der alten und der neuen Schöffengerichte gebildet werden?

Behufs Entscheidung der ersten Frage ist vor allem zu erwägen, von welcher Bedeutung es für die Leichtigkeit, Sicherheit und Schnelligkeit der Untersuchung und Aburteilung von Straftaten, sowie auch für das Publikum ist, wenn Tatort, Beschuldigte oder Verdächtige, sowie Zeugen sich in möglichster Nähe des Gerichtes befinden. Es scheint mir hiernach mit Rücksicht auf die oft sehr große Ausdehnung von Landgerichtsbezirken, welche jetzt schon zur Bildung von 42 — von insgesamt 495 — Strafkammern bei Amtsgerichten geführt hat, eine möglichste Dezentralisation auch hier geboten. Sie kann allerdings bei Strafsachen nicht so weit gehen als bei Zivilsachen, da nicht nur die Organisation des Gerichtes, sondern auch die der Staatsanwaltschaft in Frage kommt. Indessen sind gerade auch bei dieser nach den Ausführungen von Aschrott a. a. O. S. 37—39 Dezentralisationsbedürfnisse in gewissem Umfange bereits hervorgetreten. Mir erscheint es daher als die glücklichste Lösung für alle Beteiligten, diese neuen Schöffengerichte an die Sitze der neuen Amtsgerichts-Präsidenten [1]) zu legen, wo in den Personen der Präsidenten und Direktoren, unter Umständen auch andrer bewährter Amtsrichter, geeignete Vorsitzende zur Genüge zur Verfügung stehen würden; und zwar Vorsitzende, die in ihrer Person allein ausreichende Autorität besitzen, um auch mit vier Schöffen zusammen die Richterbank unbedenklich bilden zu können. Daß nur ein Richter in ein solches Schöffengericht hineingehört, da Laien nicht zur Entscheidung von Meinungsverschiedenheiten von Berufsrichtern geeignet sind, habe ich schon in den „Grundlinien" S. 115 betont, und ich freue mich der inzwischen erfolgten Zustimmung von manch kundiger Seite. Das ängstliche Verlangen nach Zuziehung mehrerer Berufsrichter behufs Verstärkung der Rechtsgarantien verstehe ich überhaupt nicht, da doch gleichzeitig die neue Kontrolle der Berufungsinstanz geschaffen werden soll. Sollte aber etwa die Befürchtung hervortreten, daß dieser eine Berufsrichter gegenüber vier Schöffen zu stark sein könnte und deshalb seine Autorität im Angesichte der Laien durch die eines zweiten oder dritten Berufsrichters eingeschränkt und kontrolliert werden müßte, so wäre es wohl besser, den Gedanken eines Schöffengerichtes für mittlere Strafsachen als nicht tragfähig überhaupt wieder fallen zu lassen. Jedenfalls werden die Regierungen eine gute Position haben, wenn sie an einem Berufsrichter mit voller Bestimmtheit festhalten.

Wenn nach diesem Vorschlage die neuen Schöffen-

---

[1]) Dieser Vorschlag soll nur die Regel geben. Wie jetzt abgezweigte Strafkammern bestehen, können natürlich, wenn das Bedürfnis dazu drängt, auch künftighin neue Schöffengerichte ausnahmsweise auch bei andern Amtsgerichten eingerichtet werden.

gerichte an den neuen Amtsgerichtspräsidial-Sitzen errichtet werden und somit die von verschiedenen Seiten empfohlene Zweiteilung aller Strafsachen zwischen Schwurgericht und Amtsgericht eintritt, erledigen sich auch ohne weiteres die gegen die Verknüpfung der Berufungsinstanz mit den Landgerichten erhobenen, oben S. 54 erwähnten Bedenken. Und es bleibt nur die Frage der Zusammensetzung des Berufungsgerichtes. In den „Grundlinien" S. 140 hatte ich angeregt, Schöffen zuzuziehen, wenn die Berufung sich nicht auf eine Anfechtung in jure beschränkt, im entgegengesetzten Fall aber Berufsrichter allein entscheiden zu lassen. Nach weiterer Erwägung halte ich diese Unterscheidung für unpraktisch und unnötig erschwerend. Denn der Gedanke, Schöffen auch in der Berufungsinstanz gegen Schöffengerichts-Urteile zuzuziehen, ist, wie Aschrott a. a. O. S. 8 ausführt, ein noch völlig unerprobter. Man kann und soll ihn daher fallen lassen, sobald er zu Schwierigkeiten und Weitläufigkeiten führt. Und das tut er, da die Zuweisung von Berufungen wegen rechtsirrtümlich ergangener Urteile an Schöffengerichte doch wohl nicht in Frage kommen kann. Meines Erachtens sollte also die Berufungsinstanz nur aus drei Berufsrichtern gebildet werden,[1]) und die dadurch geschaffene Garantie wäre um so größer und um so weniger anfechtbar, wenn nach S. 84, 85 diese Berufungsinstanz nur mit Richtern in gehobener Stellung besetzt würde. Im Reichstag ist die Forderung der Zuziehung von Laien auch in der Berufungsinstanz zwar vom Abg. Storz erhoben worden (oben S. 54). Allein ich kann nicht glauben, daß der Reichstag diese Forderung zu der seinigen macht oder sie im Fall des Widerspruches aufrecht hält. Denn bisher sind Klagen gegen die Strafkammern als Berufungsinstanz meines Wissens nicht erhoben, was auch wohl begreiflich ist, da ganz konstant etwa 40% der Berufungen gegen schöffengerichtliche Urteile erfolgreich waren. Daß die Berufung gegen amtsgerichtliche Urteile (bei Übertretungen) an ein

[1]) Nur wenn dies geschieht, ist auch die aus vielen Gründen erstrebenswerte Einschränkung der Revision (vgl. S. 44) möglich.

Schöffengericht gehen soll, ist nach S. 53 bestimmt in Aussicht genommen; unentschieden ist, ob an das alte oder neue? Ich würde, um für das neue Verfahren auch einen neuen vorsitzenden Richter zu gewinnen, letzteres vorziehen und auch für leicht ausführbar halten, wenn die hier vorgeschlagene Angliederung an die Amtsgerichts-Präsidien erfolgt. Die in Rechtsfragen etwa zuzulassende Revision fände in den neugestalteten Landgerichten einwandfreie kompetente Richter.

Diese kurzen Bemerkungen werden zum Nachweise genügen, daß auch die strafrechtliche Organisation in dem S. 84f. entwickelten Gesamtplan leicht ihr Unterkommen findet, ja, daß gerade durch ihn manche bisher unentschiedene Fragen von den ihrer Lösung entgegenstehenden Schwierigkeiten befreit werden. Freilich sind nur die Hauptfragen berührt. Allein auch die übrigen Fragen werden sich unschwer im Geiste des Gesamtplanes erledigen lassen; insbesondere auch diejenige, woher die übrigen im Strafverfahren außer der Hauptverhandlung erforderlichen richterlichen Kräfte entnommen werden sollen.[1]) Beispielsweise wären meines Erachtens, wenn man im Schwurgericht wirklich eine dreigliedrige Richterbank festhalten will, bei der Wichtigkeit der Sache[2]) nur Richter in gehobenen Stellen, also Land- und Amtsgerichts-Präsidenten und -Direktoren, oder auch Oberlandesgerichtsräte zuzuziehen, während für die im Vorverfahren künftig (vgl. oben S. 33) erforderliche richterliche Mitwirkung Amtsrichter zu verwenden sein würden.[3])

---

[1]) Der Wegfall des jetzigen „Überweisungsbeschlusses" der Strafkammern ist bekanntlich bereits durch die Str. Pr. K. vorgeschlagen; ebenso auch des „Eröffnungsbeschlusses". Vgl. zu letzterem Kahl, a. a. O. S. 3, 5, 6, 11 flg.

[2]) Über die Notwendigkeit, der Strafjustiz überhaupt durch Zuziehung hochstehender Richter auch äufserlich eine höhere Wertschätzung als bisher zukommen zu lassen, vgl. Grundlinien S. 87—90, 140. — Gegen eine dreigliederige Richterbank im Schwurgericht, ebenda S. 114.

[3]) Ebenso Winter S. 36. — Kahl, a. a. O. S. 15 hält dies für erwünscht, bei der jetzigen Organisation aber für bedenklich.

Der zuletzt berührte Punkt steht offenbar in engstem Zusammenhang mit der oben S. 90 bereits gestreiften Frage der staatsanwaltschaftlichen Organisation, deren Schwerpunkt nach meiner Auffassung am besten an den Sitz der neuen Schöffengerichte gelegt wird, weil die Staatsanwaltschaft hier „die durchaus notwendige unmittelbare Fühlung mit dem Volk und damit das Verständnis für dessen Empfinden und Denken“ erlangen und auch Land und Leute ihres Bezirks, sowie ihre Hilfsbeamten besser als jetzt kennen lernen würde. Es ist mit Recht als ein Unding bezeichnet, wenn jetzt der Staatsanwalt vielfach 50—100 Kilometer — davon vielleicht zur Hälfte Landweg — vom Tatort entfernt sitzt, so daß sein Eintreffen erst möglich ist, wenn die Spur verwischt und der erste Eindruck verblaßt ist. (LGDir. Schubert bei Aschrott a. a. O. S. 37, 38.) Ein Erster Staatsanwalt, dessen Wirksamkeit auf einen Amtsgerichts-Präsidialbezirk beschränkt wäre, könnte aber zugleich auch den amtsanwaltlichen Dienst in seinem Bezirk mit einfachen Mitteln wirksam organisieren. Schon ist von verschiedenen Seiten (Aschrott selbst a. a. O. S. 39 und den dort Angeführten) die Forderung erhoben, daß für jeden Amtsgerichtsbezirk ein zum Richteramt befähigter Beamter bestellt werden muß, welcher seinen Wohnsitz in dem Bezirk selbst oder in dem Nachbarbezirke hat. Ich fürchte auf das lebhafteste, daß hierdurch dieselbe Vergeudung von hochwertiger Kraft in den staatsanwaltschaftlichen Dienst eingeführt würde, die wir jetzt im richterlichen Dienst beklagen. Wie in der Verwaltung die vor den Verwaltungsgerichten, namentlich in Steuer- und Armensachen auszutragenden Sachen, je nach dem Grade ihrer Schwierigkeit bald von dem leitenden Stadtrat selbst oder einem Magistratsassessor und bald von Bureaubeamten instruiert und in mündlicher Verhandlung vertreten werden, so müßte doch auch für einen solchen Präsidialbezirk eine Organisation des gesamten staats- und amtsanwaltlichen Dienstes möglich sein, welche für einfache und häufig wiederkehrende Sachen einen ganz einfache Erledigung durch untergeordnete Organe[1]) und für die schweren Straffälle und verwickelten Sachen eine sachentsprechende Behandlung durch rechtsgelehrte Beamte sicherstellt. Die auch von der StrPrKomProt. I S. 163ff., 165ff., II S. 73ff. für nötig erachtete häufigere Vernehmung durch Beamte der Staatsanwaltschaft würde durch eine solche Organisation zugleich ebenso erleichtert werden als die notwendige engere Fühlung mit den vielfach einer besseren kriminalistischen Schulung bedürftigen polizeilichen Organen. Die jetzigen landgerichtlichen Bezirke sind, namentlich in Preußen, meist zu groß, um eine solche einheitliche staats- und amtsanwaltschaftliche Organisation, die doch die Grundlage einer wirksamen Strafverfolgung bildet,[2]) mit einfachen Mitteln erfolgreich durchzuführen. Eine stärkere Dezentralisation wird auch hier das Heil bringen, wobei natürlich die Einheitlichkeit des Dienstes in größeren land- und oberlandesgerichtlichen Bezirken durch die in der erforderlichen Zahl zu belassenden oder zu bestellenden höheren staatsanwaltlichen Beamten gewahrt werden kann und muß.[3])

---

[1]) Für die einfache Erledigung der gewöhnlichen Polizeiübertretungen würde die Ernennung geeigneter Polizeibeamten zu Amtsanwälten ein vortreffliches Mittel sein.

[2]) Vgl. Aschrott S. 42: „Darum gehört die anderweitige Organisation der AA. und die Ausstattung der Strafverfolgungsbehörde mit einer geschulten Kriminalpolizei zu den wichtigsten Vorbedingungen für eine erfolgreiche Reform unseres Strafverfahrens."

[3]) Über die Mängel der jetzigen Vorbereitung der Anklagen („es werden viel zu viel Anklagen erhoben") vgl. Holtgreven, a. a. O. S. 17 ff. und StA. Schwoerer, in DJZ. 1906, S. 687—690 (Das Vorverfahren und die Zahl der Freisprechungen).

4. Über Kostenwesen.

Um für das gerichtliche Kostenwesen und die Gebührenordnungen der Rechtsanwälte Reformvorschläge zu machen, fehlt es mir ebenso an Erfahrung, wie an Zeit und Material. Indessen dürfte es nicht überflüssig sein, einige Bemerkungen hier anzufügen, die sich mir aus Unterhaltungen mit Richtern und Anwälten ergeben haben.

Das charakteristische Unterscheidungsmerkmal zwischen dem deutschen und außerdeutschen gerichtlichen Kostenwesen scheint darin zu liegen, daß in Deutschland auf Borg, in andern Ländern aber nur gegen Barzahlung prozessiert werden kann.[1]) Ich lasse es dahingestellt, wie weit diese Erscheinung mit einem bekannten deutschen Unwesen, dem verbreiteten Kreditsystem im geschäftlichen Verkehr innerlich zusammenhängt. Vermutlich hat man den Zugang zu den Gerichten so leicht als möglich machen wollen.

Die übeln Folgen dieses Systems sind nun doppelte: Die Parteien werden zur Einleitung oder Fortführung von Prozessen geradezu verführt, indem sie nicht von vornherein über die erwachsenden Kosten genau orientiert werden. Der erleichterte Zugang zum Gericht ist ja nur interimistisch gewährt, denn die Kostenrechnung, die in andern Ländern bei jeder neuen gerichtlichen Amtshandlung vorher bezahlt wird, muß ja auch hier bezahlt werden,

---

[1]) Der Kläger hat zwar einen mäfsigen Kostenvorschufs zu leisten. Aber dann geht es mindestens ein Jahr so fort; dann soll allerdings eine Berechnung stattfinden. Inzwischen pflegt aber die Gebührenschuld, auch von Auslagen abgesehen, erheblich angewachsen zu sein. Vgl. Gerichtskostenges. §§ 81 u. 94 No. 1.

nur nachträglich. In Wirklichkeit ist also die Erleichterung nur scheinbar, sie wirkt aber doch verführend, indem der schöne Schein die Kostenpflichtigkeit mit unklarem Schimmer verschleiert.

Das Gericht aber, das die Kostenrechnung nachträglich zustellt, hat nun zu sehen, wie es zu seinem Gelde kommt und außerdem alle Eintragungen in seine Rechnungsbücher zu machen, die mit diesem Beitreibungsverfahren verbunden sind. Es wäre interessant, die genauen Ziffern zu kennen, welche für das Deutsche Reich oder den Preußischen Staat in Geld ausdrücken, was dieser Aufwand von rechnenden, schreibenden und kontrollierenden Beamten, von Gerichtsdienern und Vollziehungsbeamten eigentlich bedeutet. Demgegenüber wäre auf der andern Seite festzustellen, wie viel Beamte in den Ländern mit Barzahlung für die Verrechnung und Einziehung der Gerichtskosten erforderlich sind. So viel ich weiß, erfolgt dort in weitem Umfang die Zahlung der Gerichtsgebühren einfach dadurch, daß Eingaben und Anträge ebenso wie gerichtliche Bescheide auf Stempelpapier von entsprechendem Wert geschrieben werden müssen. Ich weiß nicht, welche Gründe maßgebend gewesen sind, um gegenüber dem französisch-rheinischen System bei Einführung der neuen Prozeßordnungen das in Preußen und andern Staaten hergebrachte System beizubehalten und allgemein durchzuführen. Jedenfalls scheint mir eine Nachprüfung dieser Gründe dringend geboten, da das fortwährende Anschwellen der Beamtenzahl nachgerade zu einer sehr ernsten Sache für den Staatshaushalt geworden ist.

Selbstverständlich sind unter Umständen auch erhebliche Ausfälle mit diesem System verbunden. Sie sollen namentlich in den von Ausländern geführten Prozessen häufig sein; und zwar infolge der sog. Haager Konvention, durch welche die beteiligten Staaten ihren Angehörigen Freiheit von jeder Sicherheit wegen der Prozeßkosten ausbedungen haben.

Wenn auch die ausländischen Behörden bei Einziehung

1815 wurde versuchsweise (as an experiment) ein Jury Court eingeführt, um gewisse Entschädigungsfälle dort zu verhandeln; 1830 wurde er aber als besonderer Gerichtshof wieder aufgehoben, jedoch bei der Inner Division des Court of Session die Möglichkeit einer Einberufung einer Jury zur Verhandlung der erwähnten Entschädigungsfälle geschaffen. Da an den Sheriff's Courts in Zivilsachen die Jury unbekannt ist, müssen also alle Anträge auf Verhandlung mit Jury an den Court of Session nach Edinburg gerichtet werden (vgl. oben S. 82). Es schien aber wichtig, auf diese schottische Besonderheit auch in diesem Zusammenhange hinzuweisen, damit nicht der Jury für die Fragen der richterlichen Organisation und der Richterzahl eine gar zu große Bedeutung beigemessen wird.

Immerhin kann die Verbindung von judge und jury als ein Verstärkungsmittel für die Stellung der Gerichte im Vertrauen des Volkes angesehen werden.

Das englisch-schottische Recht begnügt sich jedoch nicht mit diesen Einrichtungen; es hat zugleich andere, oben (S. 91) schon angedeutete Wege eingeschlagen, um eine Anrufung oberer Instanzen zu ermöglichen, ohne die Autorität des unteren Gerichts durch Vernichtung seines Urteiles zu schädigen.

Es geschieht dies, indem das untere Gericht selbst dem höheren einen Fall zur Entscheidung vorlegt. Die Formen des Verfahrens sind dabei im einzelnen verschieden.

So haben die englischen Assisen und Quarter Sessions das Recht, zweifelhafte Rechtsfragen dem Court for Crown Cases Reserved vorzutragen. Als Gerichtshof sitzen unter dem Vorsitz des Lord Chief Justice alle Richter des High Court, mindestens aber fünf. Die Statistik für 1903 verzeichnet S. 61 sechs solcher Fälle, einen vom Central Criminal Court und fünf von Quarter Sessions. Gegen diese Entscheidung

gradually superseded by the Ecclesiastical Courts; it fell wholly into disuse after the Institution of the Court of Session. A. D. 1532." Vgl. S. 275, 276.

viel Aufregung und große Kosten, die als Ungerechtigkeit empfunden werden, hineintreiben. Es hat sehr den Anschein, als ob wir in falscher Sentimentalität die Interessen des Armen zu viel, die des Gegners zu wenig berücksichtigt hätten. LGDir. Röchling (Abg.-Haus-Verh. 1907 S. 792) fordert daher — was übrigens meines Wissens tatsächlich auch schon bei manchen Gerichten geschieht — daß das Armenrecht künftig nur nach geführter summarischer Sachuntersuchung erteilt werden darf. Die Erhöhung der amtsgerichtlichen Zuständigkeit wird überdies künftig dahin wirken, daß die Zahl der mit Anwälten zu führenden Prozesse im Armenrecht überhaupt erheblich verringert wird.

Die deutschen Gebührentarife für Rechtsanwälte zeigen gleichfalls erhebliche Abweichungen von dem in andern Ländern üblichen. Ein Hauptunterschied ist wohl, daß z. B. in England jede im Dienst der Partei erfolgte Tätigkeit des Solicitor besonders honoriert wird, während hier „für den Geschäftsbetrieb, einschließlich der Information" eine einmalige besondere Gebühr bezahlt wird (§ 13 GebO. für Anw.). Ich höre auch, daß man im Anwaltstand eine Änderung des jetzigen Zustandes nicht wünscht, weil man sich nicht sagen lassen will, daß Korrespondenzen und andere Handlungen nur oder vorzugsweise der Gebühren halber erfolgt seien. Es hängt aber doch wohl mit dieser Verschiedenheit zusammen, daß die englischen Prozesse — wie mir von sachkundiger Seite gesagt wird — im allgemeinen und ganz besonders die schwierigen und verwickelten besser vorbereitet werden als es bei uns der Fall zu sein pflegt. Die oben S. 42 schon gestreifte eigentümliche Zurückhaltung mancher Parteien, sowie der oft empfundene Mangel an Offenheit kommen allerdings für unsere Anwälte dabei erschwerend hinzu. Vielleicht wird die ungenügende Information manchmal auch dadurch entstanden sein, daß das Bureaupersonal des Anwalts, welches die Mitteilungen der Partei entgegengenommen hat, der ihm gestellten Aufgabe nicht gewachsen war. Insoweit werden also die in Frankfurt a/M. und vielleicht auch an andern Orten eingerichteten Ausbildungskurse für die

Anwaltsschreiber und sonstiges Bureaupersonal sehr nützlich wirken können. Jedenfalls scheint es kein gesunder Zustand zu sein, daß einfache und verwickelte, viel Arbeit erfordernde Prozesse bei uns nicht unterschieden werden. Auch ist es mir als eine unglückliche Wirkung der bestehenden Vorschriften bezeichnet, daß die verhältnismäßige geringe Höhe der in den einzelnen Prozessen erzielten Einnahmen auf einen Massenbetrieb hindrängt, ohne den eine genügende Gesamteinnahme nicht erzielt werden kann. Eine bessere Anpassung dieser Gebührentarife an die Bedürfnisse einer guten Prozeßführung scheint mir hiernach eine wichtige Aufgabe. Vielleicht wird eine Besserung schon durch eine rationellere Gestaltung des Prozesses erleichtert, insbesondere dadurch, daß im Zivilprozeß eine wirkliche zusammenfassende Hauptverhandlung geschaffen wird, welche erst dann stattfindet, wenn in Vorverhandlungen eine Sache nach allen Seiten hin genügend vorbereitet ist (vgl. oben S. 30, 31).

Endlich unterlasse ich nicht ausdrücklich zu betonen, daß selbstverständlich Ausfälle, welche die Anwaltschaft etwa durch gewisse Reformen erleidet, durch entsprechende Änderungen der Gebührenordnung ausgeglichen werden müssen. Eine progressivere Gestaltung des Tarifs ist dabei in erster Linie ins Auge zu fassen.

5. Schlussbetrachtung.

Eine gute Rechtspflege hängt in erster Linie von den Persönlichkeiten der Richter ab. Diese elementare, durch keine nationale Besonderheiten bedingte Wahrheit tritt erfreulicherweise auch in Richter- und Anwaltskreisen wieder mehr und mehr ins Bewußtsein.[1]) Schon wird im Parlament die rage des nombres als ein Leiden bezeichnet, das unsere heutige Gerichtsverfassung durchdringt,[2]) und mit leidenschaftlichem Sturm und Drang werden Stimmen laut, welche ein von starken Persönlichkeiten getragenes königliches Richtertum an Stelle der heutigen Schreibjustiz setzen wollen.[3]) Mag in diesen Forderungen auch noch so viel idealistischer Überschwang stecken: sie sind ein ernstes und, wie ich meine, hocherfreuliches Zeichen einer als materialistisch verschrienen Zeit.

Daß bei dieser hohen Wertung der Persönlichkeit viel sorgenvolle Gedanken sich auch mit der Frage beschäftigen, ob unsere, der Bildung der richterlichen Per-

---

[1]) Die Bedeutung der Persönlichkeit, der gegenüber die des juristischen Wissens zurücktritt, wird auch vom Grafen Franqueville sehr hoch eingeschätzt. Er führt — in Übersetzung — einen stark pointierten Ausspruch Lord Lyndhursts an: „Lorsque j'ai à nommer un juge, je cherche un *gentleman*; c'est tant mieux s'il sait un peu de droit" und fährt dann fort: „Au fond, il avait raison. Le barreau fournit rarement à la magistrature des jurisconsultes éminents, mais il lui donne, ce qui est plus précieux encore, des hommes d'honneur ayant les qualités maîtresses du juge: l'indépendance, la probité, l'impartialité, l'expérience et le bon sens". Le Comte de Franqueville. Le système judiciaire de la Grande-Bretagne, 1893, Bd. I S. 369, 370.

[2]) LGDir. Röchling, Verh. des Hauses der Abg. 1907 S. 790.

[3]) E. Fuchs (RA. beim OLG. Karlsruhe), Schreibjustiz und Richterkönigtum. Ein Mahnruf zur Schul- und Justizreform. Leipzig 1907.

sönlichkeiten dienenden Einrichtungen ihrer hohen Aufgabe entsprechen, ist nur natürlich. Am tiefsten bohrt Fuchs, der unter Berufung auf viele Zeugen mit oft klangvollen Namen das ganze System unserer gelehrten Schulen ebenso wie die Unterrichtsweise unserer juristischen Fakultäten als überlebt, scholastisch und irrationell auf das heftigste bekämpft und eine völlige Umgestaltung beider fordert, um dadurch auch zu rationelleren Methoden der juristischen Arbeit und einer lebensvolleren Rechtsprechung zu gelangen.[1]) Andere beschränken sich auf das Verlangen einer Reform des juristischen Universitäts-Unterrichts oder auch der juristischen Examina. Bedeutungsvolle, freilich nicht immer neue Gedanken finden dabei lebendigen Ausdruck. Insbesondere verdient der Vorschlag des OLGPr. Holtgreven (a. a. O. S. 30), welcher vor Beginn der Universitätszeit eine einjährige praktische Beschäftigung bei Gerichten oder Anwälten fordert, um die bisherige rein theoretische Beschäftigung mit unbekannten Vorgängen und Einrichtungen zu beseitigen, ernste Prüfung.[2]) Die gleiche Forderung stellt Fuchs,[3]) der zugleich Vorschläge für eine völlig veränderte Behandlung der juristischen Vorträge und Übungen macht, durch welche die bisherige Zerreißung der so eminent praktischen Lebenswissenschaft

---

[1]) Über die eigenartigen Methoden der oben S. 12 erwähnten amerikanischen Law schools gibt interessante Mitteilungen H. Waentig, Die amerikanischen Law schools und die Reform des Rechtsunterrichts in Preussen in Schmoller's Jahrbuch. NF. 1902 4. Heft S. 79—108.

[2]) Ähnlich auch OLGR. Bozi (Hamm), Die Justizreform als Personenreform (im „Recht" 1907 S. 415ff. und an den dort angeführten Stellen). Vgl. auch Prof. Dr. Stannge, „Die Fehlgriffe unsrer Zivilrechtsjudikatur und ihre Ursache" und „Das Preussische Referendarexamen" im Tag vom 28. 3. und 8. 5 1906.

[3]) Zustimmend Bozi a. a. O. — Noch weiter geht AGR. Bartolomäus in der Juristischen Wochenschrift XXX S. 882—884. 1901. (Noch einmal die Vorbildung der Referendare.) Er fordert vor Beginn der Universitätszeit eine abgeschlossene praktische Ausbildung im Subalterndienst, um dem Bureau eines Rechtsanwaltes oder Amtsrichters selbständig vorzustehen. Dann erst sei die theoretische Ausbildung fruchtbar und eine nochmalige praktische Ausbildung unnötig.

der Jurisprudenz in eine Theorie und eine Praxis beseitigt und verhindert werden soll.[1])

Ich selbst habe vor langen Jahren auch meinerseits, als ich das Unzulängliche der juristischen Studien-Einrichtungen noch frisch und lebhaft empfand, in einem kleinen Aufsatz in den Preußischen Jahrbüchern[2]) Vorschläge gemacht, die sich in ähnlicher Richtung bewegen, und wenn sie auch in manchen Beziehungen, vor allem durch die großen Kodifikationen überholt sind, in wesentlichen Punkten noch heute zutreffen.

Freilich darf man diese Fragen der Ausbildung auch nicht überschätzen. Denn man kann zwar viel durch Lehren und Lernen erreichen: das beste aber, das sichere Urteil, der juristische Takt, das Gefühl für das Wesentliche ist doch angeboren. Gar leicht geht die Überschätzung der Ausbildung mit Unterschätzung der Persönlichkeit Hand in Hand. Man bedenke auch, daß kein zivilisiertes Land solche lange Ausbildungszeit für Richter kennt, wie wir sie haben. Was ist die Folge? Sehr spätes Eintreten in Stellen mit eigner Verantwortung. Und doch wird kein Kundiger leugnen, daß erst die eigne Verantwortung die Kräfte anspannt, die Entschlußfähigkeit entwickelt und wahre Freude an der Arbeit gewährt.

Allein an dieser Stelle möchte ich auf alle diese Fragen nicht weiter eingehen, wie ich auch in den „Grundlinien“ ihre Behandlung absichtlich vermieden habe.[3]) Denn

---

[1]) A. a. O. S. 28—52.

[2]) Bd. 22. 1872. S. 195—214. Das Rechtsstudium und die deutschen Universitäten.

[3]) Auch auf die wichtige Frage, wie die Anstellung der Amtsrichter sich vollziehen und in welchem Umfang und in welcher Weise Assessoren beschäftigt oder angestellt werden sollen, möchte ich hier im Interesse möglichster Konzentration nicht eingehen. — Winter a. a. O. S. 32 will Amtsrichter und Staatsanwälte erst mit 35 Jahren angestellt und Assessoren in den Justizdienst erst aufgenommrn haben, nachdem sie zwei Jahre lang nach dem zweiten Examen bei Anwälten und in privaten Betrieben gearbeitet haben (vgl. hierzu die bayerischen Bestimmungen in der Jur. Ztg. 1906 S. 949). — Holtgreven a. a. O. S. 12, der die Absetzung der mündlieh verkündeten Urteile durch Assessoren empfiehlt (oben S. 37), versichert, dafs „es kaum

wenn wir mit Reformen im Gerichtswesen warten wollten, bis diese Fragen der juristischen Erziehung erledigt sind und dann auf neuem Boden ein neues Geschlecht herangewachsen ist, so hieße das die gerichtlichen Reformen ad calendas graecas verschieben. Beide Fragen: die Reform der juristischen Vorbildung und die Reform des Gerichtswesens mögen daher gleichzeitig verhandelt werden; ihre gegenseitige Verquickung und die Abhängigmachung beider voneinander würde indessen beiden zum Verhängnis gereichen. Qui trop embrasse, mal étreint.

Mit gutem Grunde ist deshalb auch in dieser Schrift nur die gerichtliche Reform behandelt worden[2]) und zwar auch hier unter dem Hauptgesichtswinkel, wie die Persönlichkeit auch im Gerichtswesen zu der gebührenden Geltung gebracht werden kann.

Daß eine größere Auswahl-Möglichkeit, wie sie infolge einer Verringerung der Richterzahl von selbst eintritt, erhöhte Gewähr für tüchtige, wirklich ausgewählte Richter bietet, ist schon oben S. 17 als selbstverständlich behandelt, und kann auch von denen mit Grund nicht bestritten werden, welche mit Stranz[3]) der Meinung sind, daß für eine gute Rechtspflege, abgesehen von den höchsten Gerichtshöfen, schon ein gutes Durchschnittsmaß von Tüchtigkeit genügt. Denn eine Erhöhung dieses Durchschnittes

---

ein besseres, zugleich die Rechtsprechung nicht gefährdendes Mittel zur praktischen Weiterbildung eines tüchtigen Gerichtsassessors gibt, als die Beiwohnung einer von einem erfahrenen, tüchtigen und kenntnisreichen Richter geleiteten Verhandlung und die Absetzung der Urteile.“ Trifft das aber nicht ebenso auf Referendare zu? und wäre es zu viel verlangt, wenn man von ihnen Beherrschung der Stenographie voraussetzte?

[1]) Und auch diese, nur nach gewissen Seiten hin, die in den Grundlinien S. 14—34, 141f eingehend behandelte Frage der Begrenzung der reichsgerichtlichen Revision in Zivilsachen konnte hier füglich beiseite gelassen werden. — Ebenso lag für mich kein Anlafs vor, auf die vielerörterten Einzelfragen von besonderem politischen Interesse einzugehen. — Ein Eingehen auf die Frage der Behandlung der Jugendlichen — so ungemein wichtig sie auch ist — war selbstverständlich hier völlig ausgeschlossen, um so mehr, als ich auch alle Fragen der Organisation der Vormundschaftsgerichte ausgeschieden habe.

[2]) „Die Woche“ vom 13. Okt. 1906 S. 1772.

ist unter allen Umständen für die Justiz selbst wie für das Publikum ein Vorteil.

Allerdings ist bekanntlich die Schaffung einer Auswahl-Möglichkeit überhaupt, wenigstens in Preußen,[1]) aus politischen Gründen bekämpft worden, weil dadurch zugleich die Möglichkeit einer Bevorzugung gewisser Klassen oder Parteirichtungen geschaffen würde. Allein der Satz, daß jeder, der ein gewisses Examen mache, ein Recht auf eine Richterstelle habe, ist an sich ein so ungeheuerlicher, nirgends in der übrigen zivilisierten Welt verständlich zu machender Gedanke, daß sein Aufkommen nur aus dem Zusammentreffen besonderer Verhältnisse, nämlich aus dem Vorhandensein eines sehr großen Richterbedarfes infolge eigenartiger Gerichtsverfassung und einer gleichzeitig gegebenen, von Mißtrauen erfüllten Atmosphäre verständlich wird. Der Gedanke wird also von selbst hinfällig, wenn der riesige Richterbedarf infolge geeigneter Reformen wesentlich verringert wird. Das unselige Mißtrauen aber kann nur durch Einrichtungen bekämpft werden, welche die Auswahl der Tüchtigsten in geeigneter Weise sicher zu stellen geeignet sind (vgl. oben S. 76—82).

Die Möglichkeit, den Richterbedarf in weitem Umfange zu verringern, ist nach den in den vorhergehenden Abschnitten gegebenen, lediglich auf die deutschen Verhältnisse aufgebauten und auf die zustimmenden Ratschläge deutscher Praktiker gestützten Erörterungen zweifellos gegeben. Sie beruht einerseits auf einer rationellen Gestaltung des Verfahrens unter strengster Ausscheidung alles unnützen Schreibwerks und unter Benutzung der modernen Hilfsmittel (Stenographie, Schreibmaschinen, Druck usw.), sowie einer rationellen Teilung der Arbeit und andererseits auf einer Er-

[1]) In andern Bundesstaaten liegen die Verhältnisse in dieser Beziehung günstiger. In Bayern sind z. B. nach bestandenem letzten Examen und halbjähriger Praxis am Amtsgericht die Richterkandidaten für die folgenden Jahre ganz frei, treten meist in Anwaltskanzleien ein oder üben die Anwaltschaft selbständig aus. Dann erst melden sie sich zum Eintritt in den Staatsdienst. D. Jur. Ztg. 1906. S. 949.

höhung der amtsgerichtlichen Zuständigkeit, welche ohne Verschlechterung der Rechtspflege durch gewisse Veränderungen der amtsgerichtlichen und landgerichtlichen Verfassung möglich und zulässig wird, sowie auf rationellerer und zielbewußter (S. 66 f., 85 f.) Gestaltung der Vorschriften über die Bildung der Gerichte.

Durch die zuerst genannte Maßnahme wird eine Entlastung aller Richter von untergeordneter Arbeit, durch die letztgenannten eine Entlastung der oberen Gerichte herbeigeführt.

Die jetzige Belastung der Richter allein durch die obligatorischen Tatbestände wird vom KGR. Dr. Kronecker (oben S. 38) auf ein Drittel ihrer Arbeit und die mögliche Entlastung durch Überweisung von Arbeiten auf untergebene Beamte von Amtsrichter Dr. Sontag (oben S. 35) auf die Hälfte geschätzt. Ferner ist von verschiedenen Seiten die Annahme vertreten worden, daß die Erhöhung der amtsgerichtlichen Zuständigkeit von 300 auf 1000 Mk. die Landgerichte um mehr als 60 % und auch die Oberlandesgerichte in erheblichem Verhältnis entlasten würde.

Die vorgeschlagene Verbindung auch der neuen (mittleren) Schöffengerichte mit dem Amtsgerichte und die Überweisung der im Vorverfahren erforderlich werdenden richterlichen Handlungen auf die Amtsgerichte wird die Strafkammern, soweit sie in erster Instanz urteilen, überflüssig machen; die Urteile erster Instanz bilden aber bisher etwa 60 % der gesamten Strafkammer-Urteile.

Durch die infolge dieser Änderungen eintretende Verminderung der landgerichtlichen Tätigkeit und den Ersatz der in erster Instanz urteilenden Zivilkammern durch die Direktoren als Einzelrichter würde die ausschließliche Besetzung der Landgerichte mit Präsidenten und Direktoren und der Wegfall aller beisitzenden Landrichter möglich werden, während an den Oberlandesgerichten infolge der Bildung der Senate aus drei Richtern — statt aus 5 — eine Verminderung der Zahl der beisitzenden Richter um die Hälfte erreicht würde; selbstverständlich nur, wenn gleichzeitig eine Entlastung durch Teilung der Arbeit, auch in bezug auf die Urteilsverfassung einträte.

Die Landgerichts-Präsidenten und -Direktoren würden voraussichtlich infolge der Verminderung der landgerichtlichen Zivilprozesse und der Veränderungen im Verfahren trotz Erhöhung der Ziffer der Berufungen in Straf- wie Zivilsachen in der Lage sein, ohne Vermehrung ihrer Zahl die erstinstanzlichen Zivilsachen als Einzelrichter und die Berufungs- und Beschwerdesachen in kollegialischer Behandlung — an kleinen Landgerichten immer und sonst soweit möglich unter Vorsitz des Präsidenten — zu erledigen.

Hiernach würde die Verminderung des Richterbedarfes an Land- und Oberlandesgerichten voraussichtlich noch die in den Grundlinien S. 146 auf rund 2000 geschätzte Ziffer übersteigen.

Die nach Wegfall der Landrichter und der Hälfte der Oberlandgerichtsräte verbleibenden Ziffern:

Präsidenten und Richter an Oberlandesgerichten, wobei die voraussichtlich möglich werdende Verminderung der Senate unberücksichtigt gelassen ist	381
Präsidenten und Direktoren an Landgerichten . .	679
Vorsitzende der an Landgerichten gebildeten Kammern für Handelssachen unter Berücksichtigung der verminderten Arbeit infolge der Reformen des Verfahrens (Abschn. 2), etwa	50
im ganzen	1100

würden also gegenüber dem jetzt (immer nach der Justizstatistik für 1905) vorhandenen Bestand an Land- und Oberlandesgericht von 2899 + 651 = 3550 eine Verringerung um mehr als zwei Drittel bedeuten.

Die Wirkung der Reformen auf den Richterbedarf bei den Amtsgerichten ist schwerer ziffernmäßig zu schätzen. Ob bei den 750 mit einem Richter besetzten Amtsgerichten eine Änderung infolge Einziehung von Amtsgerichten eintritt — die übrigens schon Vierhaus a. a. O. S. 73 anregt —, ist wegen der damit verknüpften Interessen wohl sehr zweifelhaft. Eher schon wird bei den 907 mit zwei oder drei Richtern besetzten Amtsgerichten eine Ersparnis von rund ein Drittel der vorhandenen 2059 Richter = 680 angenommen werden können. Dazu käme von den 2044 Richtern, welche an Amtsgerichten mit vier und mehr Richtern angestellt sind, auch ein Drittel mit rund 780. Die Ersparnis infolge der Reformen im Verfahren würde also etwa 1460 betragen. Ihr würde aber der Mehrbedarf infolge der Erhöhung der Zuständigkeit, der Angliederung der neuen Schöffengerichte und der Zuweisung der richterlichen Tätigkeit im Vorverfahren in Strafsachen, sowie auch infolge der Bildung von Präsidenten- und Direktorenstellen gegenüber zu stellen sein. Wenn etwa 260 Präsidentenstellen geschaffen würden, d. h. auf durchschnittlich 20 Amtsrichter ein Präsident und 780, d. h. das Dreifache an Direktorenstellen, so kann man wohl annehmen, daß hierdurch — da ja die Direktoren in vollem Umfange und die Präsidenten, soweit sie nicht durch Präsidial-Obliegenheiten in Anspruch genommen sind, an der Erledigung der amtsrichterlichen Geschäfte mitarbeiten — der gedachte Mehrbedarf gedeckt sein wird. Es blieben also noch 420 (1460 — 1040) frei werdende Amtsrichterstellen zur Verfügung.

Bei dieser Berechnung sind die Wirkungen der in den Grundlinien S. 158 ff. angeregten Reorganisation der Amtsgerichte in den größeren Städten unberücksichtigt gelassen. Denn diese Anregung ist bisher meines Wissens in der Literatur überhaupt nicht weiter verfolgt worden, weder zustimmend, noch ablehnend. Nur hat man mißverständlicherweise mir verschiedentlich vorgeworfen, ich wolle die Grundbuchsachen, die Vormundschaften, überhaupt die freiwillige Gerichtsbarkeit den Amtsgerichten nehmen, obwohl doch gerade diese Geschäfte unbedingt dem Amtsrichter verbleiben müßten, um ihm einen fortgesetzten Einblick in seinen Bezirk zu ermöglichen! Wie sehr dies für einen Amtsrichter auf dem Lande zutrifft, ist mir sehr wohl bekannt, und ich habe deshalb die Abtrennung dieser Geschäfte nie verlangt, sondern nur bezüglich der Vormundschaft für Vermögenslose wenigstens in den großen Städten eine Übertragung auf die Stadtverwaltungen angeregt.

In jedem Fall wäre aber der Minderbedarf an Richterkräften infolge der vorgeschlagenen Reformen ein sehr erheblicher. Er würde sogar bei den Amtsgerichten, obwohl infolge der erweiterten Zuständigkeit künftig der Schwerpunkt der gesamten erstinstanzlichen richterlichen Tätigkeit bei ihnen liegen würde, noch auf über 400 d. h. etwa 8 % veranschlagt werden können, während er bei den Landgerichten 66 % und bei den Oberlandesgerichten rund 40 % betragen würde.

Es ist kaum nötig zu sagen, daß die Befriedigung des Rechtsschutzbedürfnisses der großen Masse durch diese Ersparnis an Richtern in keiner Weise berührt wird. Auch ich bekenne mich zu dem Satze: „die Sorge für die Unbemittelten wird sich Deutschland nicht nehmen lassen", durch dessen Aufstellung Hamm a. a. O. S. 1055 den Anschein erweckt, als ob meine Vorschläge auf Kosten der kleinen Leute sparen wollten.[1]) Im Gegenteil, meine Vorschläge bedeuten keine Verschlechterung, sondern eine erhebliche Verbesserung der Rechtspflege und Stärkung der richterlichen Autorität sowohl in der amtsgerichtlichen als in der landgerichtlichen Instanz, und zugleich eine erleichterte und verbilligte Zugänglichkeit der Gerichte in kleinen und mittleren Sachen (oben S. 87). Sie sind zudem aus dem heimischen Boden, aus einer sorgsamen Betrachtung anerkannter Übelstände und einer vorurteilsfreien Prüfung der zu ihrer Heilung dienlichen Maßnahmen erwachsen und „fordern nirgends einen Bruch mit der Vergangenheit, sondern eine allmähliche Weiterentwicklung auf den vorhandenen Grundlagen" (Grundlinien S. IV). Freilich ein Umbau des großen, im Jahre 1877 für unsere Rechtspflege errichteten, aber längst reparaturbedürftigen und zum Teil unwohnlich gewordenen Gesamtbaues (ebenda S. 5, 6) wird ernstlich

[1]) Ähnlich auch Stein a. a. O. S. 66.

gefordert, aber als Ausgangspunkt und Unterlage soll doch lediglich „der jetzige, in Amtsgerichten, in Land- und Oberlandesgerichten und im Reichsgericht gegebene, mit unzähligen örtlichen Interessen eng verknüpfte Grundriß“ dienen (a. a. O. S. 130). Die Notwendigkeit solchen Umbaues kann aber gerade in diesem Fall niemand überraschen, da die Erbauer des ersten, in Deutschland auf den Grundlagen der Rechtseinheit errichteten Justizpalastes sich darüber völlig klar waren, daß erst die Erfahrung entscheiden könne, ob und inwieweit die Bedürfnisse des Rechtslebens in ihm Befriedigung finden könnten.[1]) Nun hat die Erfahrung Übelstände gezeigt und Winke gegeben: der Amtsgerichtsflügel hat sich als besonders wohnlich und beliebt erwiesen, während die landgerichtliche Abteilung, die als Mittelpunkt gedacht war, keine rechte Freude und Behaglichkeit hat aufkommen lassen. Was liegt nun näher, als den Amtsgerichtsflügel zu erweitern und noch bequemer zugänglich zu machen und dagegen die landgerichtlichen Räume einzuschränken?

Trotzdem versichern maßgebende Stellen, daß ein Umbau nach den von mir vorgelegten Plänen nicht tunlich sei, weil er zu radikal sei und unseren Gewöhnungen und Empfindungen widerstreite, ohne freilich bislang eine Begründung dieser Auffassung, ja auch nur eine Bezeichnung derjenigen Teile der Vorschläge, welche dieser Kritik unterliegen, gegeben zu haben. Es ist daher in der Tat nicht ausgeschlossen, daß die im vorstehenden (z. B. S. 15, 78 ff.) nachgewiesenen Mißverständnisse und die — hoffentlich jetzt beseitigten — Unklarheiten meiner Pläne zu der kundgegebenen gegensätzlichen Auffassung Veranlassung gegeben haben und nunmehr, nach der eingehenderen Darstellung eine Verständigung in den Bereich der Möglichkeit gerückt ist.

Gewiß ist es begreiflich, wenn die leitenden Kreise, in denen das große und mühselige Werk der Gerichtsverfassung von 1877 und ihrer ebenso mühseligen Durch-

[1]) Vgl. die von Aschrott a. a. O. S. 3 zitierte Äufserung des sächsischen Generalstaatsanwalts v. Schwarze.

führung noch in schreckhafter Erinnerung lebt, sich gegen organisatorische Neuerungen auf das äußerste sträuben, und die nächsten Reformen auf einen möglichst kleinen Kreis beschränken wollen.

Allein, so natürlich und berechtigt es auch unter den obwaltenden Verhältnissen sein mag, mit Teilreformen vorzugehen, so können solche Teilreformen unter allen Umständen nur dann erfolgreich geplant und allen Widerständen gegenüber durchgeführt werden, wenn sie in der richtigen Begrenzung unternommen werden und in sich haltbar sind, wenn ferner die Vorbedingungen der Reform tatsächlich vorhanden und auch ihre Ziele, sowie der Gesamtplan klargestellt sind.

Eine richtige Begrenzung und innere Haltbarkeit ist nicht vorhanden, wenn wichtige Reformbedürfnisse überhaupt nicht berücksichtigt werden sollen: die Bedürfnisse werden weiter Befriedigung heischen und die neue Ordnung schafft keine Grundlage sicherer Arbeit, sondern nur ein Hindernis gedeihlicher Entwicklung. Nach den Vorarbeiten und den bekannt gewordenen Mitteilungen ist die Befürchtung nicht von der Hand zu weisen, daß die neue Strafprozeßordnung dieser Kritik verfallen wird (vgl. S. 27 ff., 36, 40). Hoffentlich wird aber nicht der gefährliche Drang, nach so langer Arbeit endlich etwas fertig zu stellen, Regierungen und Parlament verführen, sich in einer unglückseligen Halbheit zusammenzufinden. Die wichtigste Vorbedingung einer haltbaren Reform ist ferner die Tragfähigkeit der Organisationen, denen neue Lasten auferlegt und neue Aufgaben gestellt werden. Die besten und richtigsten Gedanken werden zum Unheil und verlieren ihre innere Berechtigung, wenn ihnen in unzulänglicher Form Gestalt verliehen wird. Ich fürchte, dies trifft für die geplante Erweiterung der amtsgerichtlichen Zuständigkeit zu, wenn dabei die Amtsgerichte und Landgerichte in ihrer jetzigen Verfassung zu Trägern der neuen Aufgaben gemacht werden (vgl. S. 64 ff.). Die Ziele und der Gesamtplan müssen endlich klar und verlockend sein. Und über sie weiß man einstweilen nichts, so daß verwirrende Gerüchte, namentlich in betreff eines wesentlich fiskalischen Ursprunges, die Gemüter beunruhigen.

Die von mir gewiesenen Ziele sind dagegen hochgesteckt und Begeisterung weckend. Zahlreiche Briefe von Bekannten und Unbekannten haben mir gezeigt, wie viel strebender Idealismus in unserm Richterstand in allen Kreisen vorhanden ist und nach Betätigung verlangt, wie lebhaft die vorhandenen Nöte gefühlt werden und Besserung ersehnt wird. Die vielfache, oft begeisterte Zustimmung zu meinen Plänen und Vorschlägen hat mir die Pflicht auferlegt, trotz sonstiger Arbeitslast in ihrer Verfolgung nicht zu ermüden und gemeinsam mit den neugewonnenen Freunden weiter zu arbeiten. Erstaunlich schnell haben ja viele, von mir selbst als radikal angesehene Vorschläge binnen Jahresfrist weitgehende Billigung gefunden (z. B. S. 7, 35, 71) — offenbar doch nur aus dem Grunde, weil sie gewissermaßen in der Luft lagen und ein mehr oder weniger bestimmtes Gefühl in ihnen den zutreffenden Ausdruck erkannte. Vieles war auch, zum größten Teil ohne daß ich es wußte, schon vorher von anderen gesagt und verlangt worden: um so leichter konnte die einheitliche Zusammenfassung Eingang finden.

In den vorhergehenden Abschnitten ist nun auch hinsichtlich der unklar gebliebenen und viel mißverstandenen Punkte, namentlich der Ausscheidung der oberen Richterstellen aus der Beamten-Karriere und des untrennbaren Zusammenhanges dieser Ausscheidung mit der Forderung wirklicher richterlicher Unabhängigkeit volle Aufklärung gegeben (vgl. S. 76 ff.).

Unter diesen Umständen ist nunmehr der Anspruch wohl begründet, daß die Gegner der Reform bestimmt erklären, gegen welche Teile der in Abschnitt 2 und 3 aufgestellten und begründeten Reformvorschläge sich ihr Widerstand richtet und welche Gründe für ihn bestimmend sind. Erst dann sind auch die Freunde der Reform in der Lage, ihre Vorschläge, soweit sie als unausführbar oder ungeeignet nachgewiesen werden, fallen zu lassen oder entsprechend zu verbessern.

Einstweilen kann ich nur von der Gesamtheit jener Reformvorschläge ausgehn, und die Frage ist dann nur, ob sie auf einmal auszuführen sind oder ob der Gedanke des allmählichen Vorgehens auf dem Wege von Teilreformen den Vorzug verdient. Ich habe schon in den Grundlinien S. 148 mich für den letzteren Weg ausgesprochen. Jedoch hat mein Vorschlag, mit der Reform zunächst in den großen Städten zu beginnen, bislang nur geringen Beifall gefunden: mir ist nur die, allerdings gewichtige Zustimmung des Senatspräsidenten im Reichsgericht a. D. v. Bomhard bekannt geworden („Recht" 1907 S. 34).

Auch heute noch halte ich den Weg allmählicher Reform allein für gangbar, weil nur dadurch die unvermeidlichen großen Personalveränderungen erträglich werden können. Nur müssen die einzelnen Teilreformen den eben (S. 110) genannten Forderungen entsprechen. Im übrigen ist hier außerordentlich viel von taktischen Erwägungen abhängig, die nur bei vollem Überblick über alle Verhältnisse mit Aussicht auf Erfolg anzustellen sind. Hier lassen sich daher nur Andeutungen geben.

Die Entlastung der Richter durch rationellere Teilung der Arbeit setzt voraus, daß die Bureaubeamten den ihnen zuzuweisenden größeren Aufgaben gewachsen sind? Ist dies schon jetzt der Fall? Ist eine genügende Zahl befähigter Beamten vorhanden? Empfiehlt es sich, ihre Vorbildung zunächst noch durch besondere Kurse zu ergänzen? Ist es zweckmäßig, für gewisse, dem Richter abgenommene Geschäfte eine höhere Klasse von Bureaubeamten zu bilden? Und wie groß ist voraussichtlich der Mehrbedarf an Bureaubeamten? Sind außerdem für gewisse andere Geschäfte juristisch vorgebildete Hilfsbeamte unerläßlich?

Das alles sind Fragen von großer präjudizieller Bedeutung; auch für die finanzielle Beurteilung. Nur die Zentralstellen können sie beantworten und sind auch vielleicht schon mit Ermittelungen beschäftigt. Insbesondere ist wohl anzunehmen, daß unter den vom preußischen Justizminister nach seiner Mitteilung (oben S. 21) in Vorbereitung befindlichen Maßnahmen sich auch die Entlastung der

Richter durch Veränderungen in den gesetzlichen Vorschriften über Verfahren und Verfassung der Gerichte befindet.

Sollte sich bei diesen Ermittelungen die Notwendigkeit herausstellen, zunächst durch Versuche Erfahrungen zu sammeln, würde ich meine in den Grundlinien S. 148ff. gegebenen Anregungen in betreff provisorischer Maßnahmen in den großen Städten behufs schneller Beseitigung der drängendsten Übel: Überlastung der Gerichte, Hilfsrichterunwesen und die stetige Stellenvermehrung, immer noch für erwägenswert halten.

Sollte es aber angängig sein, in absehbarer Zeit die Verständigung über einen Gesamtplan herbeizuführen — und die Aufstellung und Vereinbarung eines solchen Planes hängt nach den inzwischen bekannt gewordenen Äußerungen sachverständiger Männer vielleicht mehr vom Willen und von taktischem Geschick als vom Intellekt ab — so wäre es natürlich weitaus vorzuziehen, wenn alsbald definitive Reformen und zwar in der Weise vorgenommen werden könnten, daß das die erforderlichen ändernden Bestimmungen enthaltende Reichsgesetz zwar von vornherein für das ganze Reich erlassen würde, gewisse Bestimmungen aber in den einzelnen Bezirken oder an den einzelnen Gerichten erst nach Anordnung der Landesjustizbehörden in Kraft träten. Ein solches Verfahren würde ganz dem bei Einführung des Grundbuchwesens angewandten entsprechen. Auch könnte ein von vornherein festzulegender Endtermin die Durchführung in bestimmter Zeit sichern.

Welche Bestimmungen sofort und welche erst nach und nach in Kraft zu setzen wären? das zu erörtern würde hier zu weit führen, auch wohl verfrüht sein. Zwei Beispiele mögen jedoch zur Erläuterung dienen: die Abschaffung des Tatbestandes im Anwaltsprozeß wäre alsbald allgemein durchzuführen und würde schwerlich auf starken Widerstand stoßen, zumal der Tatbestand früher in großen Teilen Deutschlands unbekannt war (vgl. S. 38). Die dadurch eintretende Ersparnis an richterlicher Kraft würde veraussichtlich zur Beseitigung der ebengenannten drückendsten Übelstände allein ausreichen. Jedenfalls wäre diese Abhilfe durch gleichzeitige Abänderung der Bestimmungen über die nachträgliche Urteilsabsetzung (S. 37) erreichbar. Auf der andern Seite dürfte die Erhöhung der amtsgerichtlichen Zuständigkeit nur in **den** Bezirken in Kraft treten, in denen sowohl die amtsgerichtliche wie die landgerichtliche Instanz durch die vorgeschlagenen Reorganisationen diejenige innere Stärkung erlangt hätten, welche zur Verhütung einer Verschlechterung der Rechtspflege unerläßlich sind (S. 64ff.).

Ebenso setzt der Ersatz der Strafkammern durch die den Amtsgerichten angegliederten Schöffengerichte und die Übertragung der Berufung gegen die Urteile der letzteren an die Landgerichte deren Reorganisation voraus (oben S. 74ff.).

Manche Vorschläge kommen dagegen zurzeit überhaupt noch nicht oder nur in geringem Maße in Betracht. Dies gilt namentlich von der Frage, in welchem Umfange Anwälte in die höheren Gerichte aufzunehmen sind. Denn, wie ich schon in den „Grundlinien“ S. 147 bemerkte, haben wir einstweilen noch eine Überzahl von Richtern, deren Kräfte infolge der allmählichen Durchführung der hier vorgeschlagenen Reformen frei werden und in erster Linie für andere Stellen zur Verfügung stehen.

Die Ausscheidung der oberen Richterstellen aus der Beamten-Karriere bedeutet also, praktisch angesehen, zunächst nur einmal, daß keinerlei Anwartschaft auf diese Stellen besteht, namentlich auch die Anciennität für sie nicht in Betracht kommt, und weiter, daß die Gehälter nicht nach den Grundsätzen der Beamten-Hierarchie, sondern ausschließlich nach den Bedürfnissen des richterlichen Amtes festzusetzen sind, d. h. so, daß vor allem auch der Schein von Abhängigkeit oder Beeinflussung vermieden wird (oben S. 76—78).

Ebensowenig ist es notwendig, die Frage jetzt auszutragen, welche Vorschriften hinsichtlich der Anstellung der Amtsrichter zu erlassen sein möchten. Winter fordert (S. 32) eine zweijährige Beschäftigung nach zurückgelegtem zweiten Examen bei Anwälten und in industriellen Betrieben oder Handelsunternehmungen, bevor jemand als Hilfsrichter in den Justizdienst aufgenommen wird. Er will auf diese Weise die „Weltfremdheit" beseitigen. Der Vorschlag vorheriger längerer Beschäftigung als Anwalt oder bei einem Anwalt ist auch von anderen Seiten gemacht (vgl. S. 102 A. 3). Es genügt mir hier aber, diese Frage, mit der die Frage der Anstellung und Verwendung von Assessoren eng zusammenhängt, erwähnt zu haben. Denn bei der gegenwärtigen Lage der Dinge scheint mir — wie gesagt — vor allem eine Konzentration der Erörterungen auf diejenigen Punkte geboten, welche für eine wirksame Justizreform in erster Linie entscheidend sind.

Ich stelle sie in folgendem noch einmal übersichtlich zusammen:

I. Hinsichtlich der Mängel und Übelstände des jetzigen Prozeßverfahrens besteht bereits — vgl. S. 22 bis 50 — eine weitgehende Übereinstimmung hervorragender Sachkenner, und zwar dahin:

1. Dem gesamten Verfahren fehlt es

a) an rationeller Anpassung an die Bedürfnisse einer verständigen, schnellen und sicheren Prozeßführung; es krankt vor allem an dem von alters her überkommenen unseligen Schreibwerk und einer falschen, d. h. an unrechter Stelle durchgeführten und an der richtigen Stelle fehlenden Mündlichkeit; es kommt hinzu:

b) der Mangel einer rationellen Arbeitsteilung: was Bureaubeamte tun könnten, ist zu Unrecht dem Richter aufgebürdet; die Folgen sind: Überlastung des Richters mit untergeordneter Arbeit und Herabdrückung seiner Stellung und Tätigkeit, sowie Inanspruchnahme einer unnötig großen Richterzahl.

2. Der Zivilprozeß leidet insbesondere an einer mangelnden Scheidung der Ausstandsprozesse wider-

williger Schuldner von den wirklich streitigen Sachen, an unnützen Weitläufigkeiten und Formalitäten in einfachen Versäumnissachen, an endlosen Verschleppungen und an dem Fehlen einer wahrhaft mündlichen, durch geeignete Maßnahmen wirksam vorzubereitenden Hauptverhandlung, die namentlich das Beweismaterial dem erkennenden Richter unmittelbar vorführt.

3. Der Strafprozeß leidet im Vorverfahren wie in der Hauptverhandlung an der Aufrechterhaltung der Reste des alten schriftlichen Inquisitionsverfahrens, zu denen auch der Untersuchungsrichter gehört. Die Protokolle des Vorverfahrens hindern in ihrer bisherigen Benutzung eine wahrhaft mündliche Hauptverhandlung. Dem Richter aber wie dem Beschuldigten fehlt gegenüber der Anklage die richtige Stellung.

4. Die Gestaltung der Rechtsmittel führt zu einer solchen Fülle widerstreitender Urteile, daß dadurch der zuversichtliche Glaube, daß es überhaupt ein festes, verläßliches Recht gibt, schwer gefährdet wird.

II. Die unter I angedeuteten Mängel des Verfahrens schädigen und untergraben das Vertrauen zur Rechtspflege und hindern zugleich infolge der Überzahl der Richter eine rationelle Organisation der Gerichte. Ihre Beseitigung ist daher mit größter Energie anzustreben.

1. Im Strafprozeß sind vor allem die Reste des schriftlichen Inquisitionsprozesses zu beseitigen. Der neue Aufbau des Verfahrens ist so zu gestalten, daß Anklage wie Verteidigung eine den berechtigten Interessen des Angeschuldigten wie der Allgemeinheit entsprechende Stellung sowohl im Vorverfahren wie in der Hauptverhandlung erhalten und der Richter auch in allen Äußerlichkeiten unverkennbar als der Unparteiische hervortritt. (S. 31—33.)

Im übrigen ist das gesamte Verfahren, einschließlich der Rechtsmittel (S. 41—50) den im einzelnen sehr verschiedenartigen Bedürfnissen einer schnellen und sicheren — in einfachen Dingen ganz einfachen — Prozeßführung rationell anzupassen, unter sorgsamer Ausschaltung vermeidbaren Schreibwerks. Mündlichkeit und Schriftlichkeit ist je nach Bedürfnis, wie es die Erreichung des jeweilig angestrebten Zweckes erfordert, zu verwenden. Eine wahrhafte, gut vorbereitete Hauptverhandlung muß den Mittelpunkt der Reformbestrebungen bilden, welche auch den Verschleppungs-Unfug zu beseitigen haben. (S. 28—35.)

Eine rationelle Teilung der Arbeit, sowohl zwischen Richtern und Bureaubeamten, als zwischen Richtern und Rechtsanwälten sowie Richter, Staatsanwaltschaft und Polizei ist gleichzeitig vorzusehen. Die dadurch ermöglichte Entlastung der Richter hat sich so weit zu erstrecken, als die an eine gute Rechtspflege zu stellenden Anforderungen zulassen. Insoweit eine besondere Vorbildung der Hilfsbeamten zur Übernahme dieser bisher richterlichen Geschäfte nötig sein sollte, ist sie in die Wege zu leiten. (S. 35—41.)

Die in Aussicht gestellte reformierte Strafprozeßordnung ist daraufhin zu prüfen, ob sie diesen Anforderungen, insbesondere auch in bezug auf eine rationelle Gestaltung der Berufung und Revision in mittleren Strafsachen entspricht. (S. 41 ff.) Ist dies nicht der Fall, ist sie abzulehnen, auch wenn sie gewisse Verbesserungen bringt, weil dadurch die Übelstände nur neu befestigt und wirksame Reformen auf unabsehbare Zeit hinausgeschoben würden.

Die zunächst nur beabsichtigte Reform des amtsgerichtlichen Zivilprozesses hat ihren guten Grund in dem unzweifelhaft vorhandenen Bedürfnis, das amtsgerichtliche Verfahren ohne Anwaltszwang seinen Besonderheiten und Eigenheiten entsprechend, einfach und gemeinverständlich neu zu ordnen. Auch entspricht die beabsichtigte Beschränkung der Berufung auf Werte über 100 Mk. dem wohlverstandenen Interesse der Beteiligten (S. 45). Bedauerlich aber und ernstlich zu bekämpfen wäre die Absicht, im landgerichtlichen Prozeß auch diejenigen Punkte unberührt zu lassen, welche zu einer Reform durchaus reif sind, zumal dadurch eine rationelle

Reform der landgerichtlichen Verfassung in bedenklichster Weise erschwert oder gar behindert würde. Insbesondere sollte eine rationelle Arbeitsteilung alsbald auch im landgerichtlichen Prozeß mit vorgesehen werden. (S. 36—39.)

2. Die ebengenannten Reformen sind von größtem Einfluß auf die Bildung gutbesetzter Gerichte. Wichtiger aber als Gesetze sind gute Richter. Indem nun der Richterbedarf nach der Versicherung Sachverständiger durch die genannten Reformen um ein Erhebliches verringert werden wird, vergrößert sich die Möglichkeit strengerer Auswahl bei Anstellung der Richter und damit die Sicherheit der Gewinnung hervorragenderer Persönlichkeiten. Durch den verminderten Richterbedarf werden auch sofort die oft beklagten Übelstände: der Richtermangel, das Hilfsrichterwesen und das rechtsprechende Assessorentum beseitigt.

3. Diese Reformen sind daher bei ihrer weittragenden Bedeutung sofort in vollem Umfange in Angriff zu nehmen und so schnell als möglich, d. h. so bald als geeignetes Personal zur Verfügung steht, durchzuführen.

III. Gleichzeitig ist die Gerichtsverfassung zu reformieren und zwar so, daß durch die Art der Bildung der Gerichte das Vertrauen in die Justiz erhöht wird. (S. 76—77.) Zu diesem Zwecke sind die Garantien richterlicher Unabhängigkeit so zu vermehren, daß auch der bei den oberen Gerichten leicht entstehende Schein der Beeinflussung und Abhängigkeit vermieden wird. Der Richterbedarf ist zugleich aus den unten II, 2 genannten Gründen durch sparsamste Verwendung richterlicher Kräfte so weit zu verringern, als es die an eine gute Rechtspflege zu stellenden Anforderungen irgend zulassen. (S. 17, 18, 74ff., 100ff.) —

1. Der beabsichtigte Ersatz der Strafkammern durch neue (mittlere) Schöffengerichte ist zu begrüßen.

Auch an anderen Stellen z. B. bei Feststellung von Entschädigungen wird die Zuziehung von Laien zweckmäßig sein (S. 34).

2. Die Herabsetzung der Zahl der Senatsmitglieder an den Oberlandesgerichten von 5 auf 3 ist meines Wissens allgemein gebilligt und führt eine erhebliche Verminderung des Richterbedarfs mit sich, wenn gleichzeitig gewisse Reformen im Verfahren eintreten, wenn insbesondere die Bestimmungen über die nachträgliche Abfassung mündlich verkündeter Urteile geändert werden, vor allem der obligatorische Tatbestand beseitigt wird (S. 36 ff., 74).

3. Die Erhöhung der amtsgerichtlichen Zuständigkeit in Zivilsachen auf 1000 Mk. oder 1500 Mk. (S. 71 A. 1) erleichtert und verbilligt die Zugänglichkeit der Gerichte und ist deshalb mit Recht eine populäre Forderung. Allein sie darf nicht durch eine Verringerung der bisherigen Garantien einer guten Rechtspflege erkauft werden. Es ist daher Sorge zu tragen, daß die künftige amtsgerichtliche Instanz der bisherigen landgerichtlichen Zivilkammer und die künftige landgerichtliche Berufungsinstanz der bisherigen oberlandesgerichtlichen gleichwertig ist. Dies wird erreicht, wenn auch innerhalb der amtsgerichtlichen Laufbahn den hervorragenden Kräften durch Schaffung von gehobenen Stellen (Präsidenten- und Direktorenstellen) das Verbleiben ermöglicht und die landgerichtliche Berufungskammer nur aus Präsidenten und Direktoren gebildet wird. (S. 64 ff.).

Die Schaffung gehobener amtsgerichtlicher Stellen ermöglicht zugleich eine bei den größeren Amtsgerichten durchaus erforderliche rationellere Arbeitsverteilung und eine die Stellung der Einzelrichter wesentlich fördernde kollegiale Zusammenfassung (S. 69).

Auch bildet sie die Voraussetzung der an sich sowohl im Interesse einer zweckmäßig dezentralisierten Strafrechtspflege, als auch im Hinblick auf eine einwandfreie Gestaltung der Berufung dringend erwünschten Angliederung der (mittleren) neuen Schöffengerichte an die Amtsgerichte, welche jedoch unausführbar ist, solange nicht in gehobenen Stellen Vorsitzende vorhanden sind, die den jetzigen Vorsitzenden der Strafkammer gleichstehen. (S. 89 ff.).

4. Die umfassendste Verringerung des Richterbedarfs wird aber dadurch erreicht, daß die landgerichtlichen Zivilkammern in erster Instanz durch Einzelrichter, d. h. durch die Präsidenten und Direktoren der Landgerichte ersetzt und alle Stellen der beisitzenden Landrichter gestrichen werden. Diese letztere, im Interesse der Hebung sowohl der Amtsgerichte als der Landgerichte (S. 74, 75) sehr bedeutsame Maßregel wird infolge der richterlichen Entlastung durch die unter II genannten Reformen und die Erhöhung der amtsgerichtlichen Zuständigkeit möglich (S. 103). Der Einzelrichter aber bedeutet keineswegs eine Verschlechterung der Rechtspflege, sondern gegenüber den jetzigen Zivilkammern eher eine Verbesserung (S. 71—73). Die tunlichste Gleichstellung der land- und oberlandesgerichtlichen Stellen beseitigt zu gleich die hauptsächlichen Anlässe scheinbarer Abhängigkeit (S. 72, 76, 77).

5. Die Richter an den Land- und Oberlandesgerichten sind zum Teil aus den Richtern der Amtsgerichte, zum Teil aus den Rechtsanwälten zu entnehmen (S. 78 ff.). Diese Art der Zusammensetzung bietet wesentlich erhöhte Garantien für eine lebensvolle, theoretischen Konstruktionen abgeneigte Rechtsprechung (S. 87, 88).

IV. Die Reformen des Verfahrens (II) und die Reform der Gerichtsverfassung (III) stehen unter sich in untrennbarem Zusammenhang. Sie sind daher gemeinschaftlich zu planen und gesetzlich festzulegen. Ihre Durchführung aber kann sowohl mit Rücksicht auf die vorhandenen Richter als wegen der vorher sicher zustellenden Voraussetzungen gedeihlicher Reform nur allmählich und schrittweise geschehen, etwa in der Art, wie nach und nach die Grundbuchverfassung in den einzelnen Bezirken durchgeführt ist Die Reformen werden sich daher etwa in drei Abschnitten vollziehen können, bieten dann aber auch weit geringere Schwierigkeiten, als es auf den ersten Blick scheint.

1. Zunächst sind solche Reformen des Verfahrens einschließlich einer rationellen Arbeitsteilung allgemein durchzuführen, welche — obwohl sie den Richterbedarf alsbald erheblich verringern — doch ohne besondere Vorbereitungen möglich sind, wie Änderung des Versäumnisverfahrens, Abschaffung des obligatorischen Tatbestandes u. a. m. Diese Reformen werden voraussichtlich die drückendsten Übelstände (Richtermangel, Hilfsrichter, Assessoren) sofort beseitigen.

2. Die übrigen Reformen werden nach und nach bezirksweise oder auch an einzelnen Gerichten eingeführt, wenn die Landesjustizbehörden die Voraussetzungen für gegeben erachten, spätestens jedoch zu einem vorher bestimmten Termin.

3. Die teilweise Entnahme der Richter an den Land- und Oberlandesgerichten aus den Rechtsanwälten tritt erst in Kraft, wenn die vorhandenen und für diese Stellen geeigneten Richter Anstellung gefunden haben, spätestens jedoch zu einem vorher bestimmten Termin. —

Man sieht: ein Programm, das für Jahre hinaus Arbeit in Fülle erfordert, und zwar zur Feststellung des Planes, wie zu seiner Ausführung.

Aber wie soll man große Umgestaltungen anders als in langer und konsequenter Arbeit herbeiführen?

Wesentliche Unterschiede zeigt hierbei Gerichtsverfahren und -verfassung. Dort liegen schwere Übelstände zutage und sind auch in juristischen Kreisen zum Teil bereits ziemlich allgemein anerkannt, zum Teil so oft erörtert, daß nur ein abschließender Wille nötig sein dürfte, um ein Ergebnis zu gewinnen. Die Zeit für technische Detailarbeit scheint bereits in weitem Umfange gekommen, und ihrer harren große und weite Aufgaben.

Hier dagegen, auf dem Gebiete der Verfassung, wird zwar das Übermaß der Richter und des Richterbedarfs in immer weiteren Kreisen als Übelstand empfunden. Aber an einer wirklichen Durcharbeitung der hierbei in Betracht kommenden Gesichtspunkte fehlt es trotz mancher Ansätze doch noch in fast erstaunlichem Maße. Freilich ist die Zahl der zu behandelnden und für die Neugestaltung entscheidenden Fragen hier nur gering. Ja, eigentlich sind nur zwei Fragen wirklich entscheidend für die gesamte Reorganisation:

1. sollen die Amtsgerichte durch eine gewisse kollegiale Zusammenfassung unter Amtsgerichtspräsidenten, sowie durch Schaffung gehobener (Direktoren-) Stellen so tragfähig gemacht werden, daß sie die Mittelpunkte für die gesamte untere und mittlere Zivil- und Strafrechtspflege bilden können? und

2. sollen — unter Streichung der Landrichterstellen — die Landgerichte nur mit Präsidenten und Direktoren besetzt werden, um — den Oberlandesgerichten gleichwertig — die Berufungsinstanz in den vorgenannten Sachen zu bilden und die schwersten Strafsachen und die großen Zivilprozesse in erster Instanz zu erledigen?

In diesen beiden Fragen liegt in der Tat der Schlüssel zu einer wirklichen und großen Reform.

Man kann und darf sie daher auch nicht für sich allein, sondern nur im Zusammenhang mit allen andern Fragen, Vorschlägen und Möglichkeiten erörtern und beantworten. Andrerseits wird man von jedem Ausgangspunkt aus auf sie hingeführt.

Wie viel wird nicht unausgesetzt in der Tagespresse über die Notwendigkeit einer vollen und gesicherten richterlichen Unabhängigkeit und der Zugänglichmachung auch der hohen Stellen für die Unbemittelten geschrieben! Nun wohl, hier ist ein Weg zu diesem Ziel gewiesen.

Wer die Dezentralisation, die leichtere Zugänglichkeit der Justiz will und den Amtsgerichten, die bisher nur die unterste streitige Gerichtsbarkeit hatten, in Zivil- wie

Strafsachen auch die mittlere Gerichtsbarkeit geben und sie dadurch zum Mittelpunkt der ganzen Rechtspflege machen möchte, der findet hier den Weg, auf dem er seine Wünsche ohne Verschlechterung der Rechtspflege verwirklichen kann.

Wer ferner die Qualität der Richter durch Verringerung ihrer Zahl heben, ihre äußere Stellung ihren hohen Aufgaben entsprechend gestalten und ihre Persönlichkeit zur Geltung gebracht haben will, der kann auf dem hier gezeigten Weg sein Ziel erreichen.

Auch wer die Rechtsprechung lebensvoller und volkstümlicher wünscht, kann hier die Garantien finden, die er für die Bildung der Gerichte sucht.

Endlich die Anwaltschaft — wie lange schon verlangt sie, daß der Weg zum Richterstuhl auch von ihren Reihen aus gegeben sei, ohne freilich zu sagen, wie dies geschehen soll. Auch für sie bieten diese Vorschläge greifbare Möglichkeiten, und zugleich sichere Aussichten erwünschter Hebung ihres Standes.

Und nun ist die Erfüllung aller dieser Wünsche, Hoffnungen und Bestrebungen in der Tat im eigentlichsten Sinne abhängig von den genannten beiden Änderungen der Gerichtsverfassung, deren Beurteilung also nur dann gerecht und zutreffend ist, wenn sie außer den gewiß nicht zu vergessenden Gesichtspunkten einer isolierenden Betrachtungsweise zugleich auch die hohen Ziele sich vergegenwärtigt, deren Erreichung jene Änderungen ermöglichen.

Ich weiß nicht, ob man auch jetzt noch diesen genau formulierten Vorschlägen gegenüber von Träumereien und grundstürzenden Neuerungen sprechen wird: das aber scheint mir unleugbar, daß die Vorschläge der StrPrK. hinsichtlich der Gestaltung der Strafgerichte in erster und zweiter Instanz weit einschneidendere Umwälzungen und weit weniger übersehbare Neuerungen gebracht haben würden!

Jedenfalls hoffe ich nunmehr, daß die Freunde durchgreifender Reform sich sammeln und die Gegner die Gründe ihrer Gegnerschaft darlegen. Beide aber bitte ich dringend, die Einzelheiten nur im Lichte und Zusammenhange des Gesamtplans zu würdigen, „kleine Gesichtspunkte größeren unterzuordnen und minder Wichtiges den Dingen von entscheidender Bedeutung zu opfern".[1]) Nur dann wird es — und hoffentlich noch mehr als bisher — gelingen, die „Erörterungen aus den Niederungen praktischer Einzelerwägungen auf die Höhen hinaufzuführen, auf denen die Kämpfe um die großen nationalen Güter ausgekämpft werden."

[1]) Grundlinien S. 12, 13.

Herrosé & Ziemsen, G. m. b. H., Wittenberg.

MIX
Papier | Fördert gute Waldnutzung
FSC® C083411

Kolibri 360 GmbH
Ferdinand-Jühlke-Straße 7
99095 Erfurt, Deutschland
produktsicherheit@kolibri360.de